EinFach
Deutsch

Bernhard Schlink

Der Vorleser

... verstehen

Erarbeitet von
Alexandra Wölke

Herausgegeben von
Johannes Diekhans
Michael Völkl

Bildnachweis

S. 14, 17, 55, 75, 78, 105: Wiebke Kemmler/Verlagsarchiv Schöningh; S. 22, 42, 121, 131: © Universum Home Ent./Cinetext; S. 27, 39, 140: © Cinetext/Allstar/ Weinstein Comp.; S. 30, 66, 69: © picture-alliance/dpa; S. 60: © picture-alliance/Everett Collection; S. 61, 62: Clément Philippe/agefotostock/Avenue Images; S. 82: dpa; S. 89: © electriceye – Fotolia.com; S. 95: Salvator Rosa: Odysseus und Nausikaa; S. 97: Foto: Matthias Dreher; S. 103: Fotoagentur SVEN SIMON GmbH & Co. Pressefoto KG

Sollte trotz aller Bemühungen um korrekte Urheberangaben ein Irrtum unterlaufen sein, bitten wir darum, sich mit dem Verlag in Verbindung zu setzen, damit wir eventuell notwendige Korrekturen vornehmen können.

© 2013 Bildungshaus Schulbuchverlage
Westermann Schroedel Diesterweg Schöningh Winklers GmbH
Braunschweig, Paderborn, Darmstadt

www.schoeningh-schulbuch.de
Schöningh Verlag, Jühenplatz 1–3, 33098 Paderborn

Druck 5 4 3 2 1 / Jahr 2017 16 15 14 13
Die letzte Zahl bezeichnet das Jahr dieses Druckes.

Umschlaggestaltung: Nora Krull, Bielefeld
Umschlagbild: picture-alliance/dpa
Druck und Bindung: westermann druck GmbH, Braunschweig

ISBN 978-3-14-022540-3

Inhaltsverzeichnis

An die Leserin und den Leser 5

Der Inhalt im Überblick 8

Die Personenkonstellation 14

Inhalt, Aufbau und erste Deutungsansätze . . . 15
Erster Teil – Die Liebe zwischen einem
Jugendlichen und einer älteren Frau 15
Zweiter Teil – Der Prozess gegen die ehemalige
KZ-Aufseherin 40
Dritter Teil – Getrennte und von der Vergangenheit
gezeichnete Lebenswege der Liebenden 65

Hintergründe 82
Bernhard Schlinks Themen 82
Zur Erzählweise und Sprache des Romans
„Der Vorleser" 84
„Hanna konnte nicht lesen und schreiben." –
Analphabetismus als soziales Stigma und
individuelles Problem 87
„Manchmal drängte es mich selbst weiterzulesen." –
von der Bedeutung der Literatur im Roman
„Der Vorleser" 94
„Sollen wir nur in Entsetzen, Scham und Schuld
verstummen? Zu welchem Ende?" – Deutschland
als Täternation und die Folgen für das kollektive
Identitätsgefühl 99
„Daß sie schuldig, aber nicht so schuldig war, wie
es den Anschein hatte." – die Schuldproblematik
und ihre Darstellung im Roman „Der Vorleser" 109
Wirkung und Rezeption 120

Der Roman „Der Vorleser" in der Schule 124
Der Blick auf die Figuren:
Die Personencharakterisierung 124
Eine literarische Figur charakterisieren –
Tipps und Techniken 124
Hanna Schmitz 126
Michael Berg 134
Die Tochter bzw. Zeugin 143

Der Blick auf den Text:
Die Textanalyse 146
Einen Textauszug analysieren – Tipps und Techniken . 146
Beispiel für eine Linearanalyse:
„… das Schicksal meiner Generation, das deutsche
Schicksal" – Michael als Vertreter der zweiten Genera-
tion nach Auschwitz im Roman „Der Vorleser" 148
Beispiel für eine aspektgeleitete Analyse:
„Was hätten Sie denn gemacht?" – Rechtsskeptizismus
und unterschwellige Leserlenkung im Roman
„Der Vorleser" 153

Der Blick auf die Prüfung:
Themenfelder 160
Übersicht I: Hintergründe. 161
Übersicht II: Das Aufbauprinzip und die Erzählweise . 162
Übersicht III: Vergleichsmöglichkeiten mit anderen
literarischen Werken 163

Internetadressen 164

Literatur 165

An die Leserin und den Leser

„Die Schichten unseres Lebens ruhen so dicht aufeinander auf, daß sich im Späteren immer Früheres begegnet, nicht als Abgetanes und Erledigtes, sondern gegenwärtig und lebendig." (S. 206)[1]

Die Geschichte, die Michael Berg im Roman „Der Vorleser" erzählt, handelt von einer jener erschütternden Erfahrungen, mit denen ein Mensch wohl niemals ganz fertig werden kann und die seinem Leben darum einen Stempel aufdrücken. Denn es geht vor allem um Verletzungen. Jene, die durch Liebesleid verursacht werden, aber auch jene, die durch nicht wiedergutzumachendes Unrecht entstehen. Denn die Frau, in die er sich als Jugendlicher verliebt hat, ist tief in die Grausamkeiten des nationalsozialistischen Regimes verstrickt und hat als KZ-Aufseherin Morde begangen. Damit erzählt der Roman von einer Liebesgeschichte, die moralisch, historisch und philosophisch kaum lösbare Probleme bereitet.

Michael erlebt in Hanna Schmitz eine Person, die gleichzeitig zärtlich und grausam, fürsorglich und abweisend sowie offen und verschlossen sein kann und deren Widersprüchlichkeit nach Erklärungen verlangt. Teilweise findet er sie, als er ihr nach Jahren wiederbegegnet und erkennen muss, dass sie ihre befleckte Vergangenheit vor ihm verschwiegen hat. Da jedoch ist es schon zu spät, sie aus seinem Leben fernzuhalten oder die Erinnerung an gemeinsame, beglückende Momente wieder zu löschen. Und so gerät er in ein Dilemma, das er mit vielen später geborenen Deutschen gemeinsam hat: durch Liebe, Sympathie oder doch

---

[1] Sämtliche Stellenangaben beziehen sich auf die im Literaturverzeichnis aufgeführte Textausgabe des Diogenes Verlages (folgt nicht der reformierten Rechtschreibung).

zumindest Achtung an die Älteren gebunden zu sein und nicht verstehen zu können, dass ebendiese Gräueltaten von einem Ausmaß begangen oder zugelassen haben, das man keinem Menschen, sondern nur Monstern zutraut. Noch komplizierter wird Michaels Lage, als ihm klar wird, dass Hanna noch etwas anderes verbirgt. Im Rückblick auf ihr damaliges Verhalten, und während er sie im Prozess agieren sieht, erkennt er, dass sie Analphabetin ist. Weil sie dies als ihre Lebenslüge verheimlicht, droht sie nun härter bestraft zu werden. Soll er eingreifen und sie dadurch zwar vielleicht vor Schlimmerem bewahren, ihr aber damit das Recht auf die eigene Entscheidung rauben?

Bernhard Schlink erzählt davon, wie es sich anfühlt, einen schuldigen Menschen zu lieben und entgegen aller Vernunft nicht von ihm loszukommen. In der Figur seines Erzählers begleitet der Leser aber auch einen jungen Mann in den zentralen Phasen seines Lebens und erlebt gleichermaßen dessen Reifungsprozesse wie auch Momente des Scheiterns. Die Lektüre einer so schonungslosen Bilanz eines Lebens kann zum Nachdenken darüber anregen, welche Ereignisse so einschneidend sind, dass sie zu neuralgischen Punkten einer Biografie werden. Für Michael ist dies beispielsweise die Diskrepanz zwischen seinem Berufsziel Jurist und der Liebe zu einer Frau, die sich als Verbrecherin entpuppt. Durch das moralische Dilemma, in das er nun gerät, beginnt auch der Leser an der Zweckmäßigkeit eines einseitigen Anklagens, Richtens und (Ver-)Urteilens gegenüber schuldig gewordenen Menschen zu zweifeln. Und, schlimmer noch, er wird vor die Frage nach der Tragfähigkeit der eigenen moralischen Standhaftigkeit gestellt. Wie sicher kann jemand von sich behaupten, damals „Nein" zu den Machenschaften und Überzeugungen eines totalitären Systems gesagt zu haben? Und wie hart soll, darf und muss man mit jenen umgehen, die dies nicht getan haben, sondern aktiv als Mörder oder geistige Wegbereiter oder passiv als Zuschauer beteiligt waren?

Der vorliegende Band aus der Reihe „EinFach Deutsch … verstehen" möchte Ihnen bei der Lektüre des Romans „Der Vorleser" helfen, einen Überblick für die komplexen inhaltlichen Zusammenhänge zu gewinnen. Zugleich wird an wichtigen Stellen das nötige Hintergrundwissen dargeboten, um bei der Interpretation in die Tiefe gehen zu können.

Viel Freude beim Lesen und Verstehen dieses spannenden Romans wünscht

Alexandra Wölke

Der Inhalt im Überblick

Der dreiteilige
Aufbau des
Romans und
seine Thematik

Im Roman „Der Vorleser" wird die Liebesgeschichte zwischen einem jungen Mann namens Michael Berg und einer wesentlich älteren Frau, Hanna Schmitz, erzählt. Die Begegnung mit der Frau wird für den Jugendlichen, aus dessen Perspektive erzählt, zu einer Schlüsselerfahrung, die sein gesamtes Leben entscheidend prägt. Denn erst später wird ihm klar, dass es sich bei der einstigen Geliebten um eine ehemalige KZ-Aufseherin handelt, an die er sich nach wie vor gebunden fühlt und die er darum nicht zu verabscheuen vermag. Die Handlung wird in drei großen Teilen entfaltet, die den Lebensphasen des Ich-Erzählers als Jugendlicher, als Jura-Student und als erwachsener Mann entsprechen und in welchen jeweils unterschiedliche thematische Schwerpunkte gesetzt werden.

Der erste Teil:
Liebe zwischen
einem Jugend-
lichen und einer
Erwachsenen

Michael Bergs erste Begegnung mit Hanna Schmitz findet auf seinem Heimweg von der Schule statt. Aus den geschilderten geografischen Einzelheiten wird deutlich, dass die Handlung in Heidelberg in den späten Nachkriegsjahren des Zweiten Weltkrieges spielt. Von einer Gelbsucht geschwächt, erbricht der Fünfzehnjährige auf den Gehweg und empfängt Hilfe von einer fremden Frau. Auf Geheiß seiner Mutter will er sich eine Zeit später bei ihr bedanken und findet sie beim Wäschebügeln vor. Bevor sie sich wieder verabschieden, sieht Michael ihr durch einen Türspalt beim Umziehen zu und fühlt sich körperlich angezogen. Als er eine Woche später zu ihrem Haus zurückkehrt, beginnt zwischen beiden aufgrund Michaels schüchternen Annäherungsversuchen und Hannas entschlossener Initiative eine sexuelle Beziehung. Michael integriert seine von

Michaels
Reifeprozess

nun an täglichen Besuche bei Hanna geschickt und von seinem Umfeld unbemerkt in seinen Alltag, der ansonsten von dem Leben in seiner Familie und in der Schule geprägt ist. Durch seine Beziehung zu einer reiferen Frau beginnt er sich zu verändern und fühlt sich selbst erwachsener als zuvor. Mehr und mehr emanzipiert er sich von der Rolle des Kindes und löst sich von seinem Elternhaus.

Auf Hannas Kritik an seiner zunächst desinteressierten Haltung zur Schule hin intensiviert Michael nach einer langen, krankheitsbedingten Fehlzeit seine Anstrengungen und erreicht das Klassenziel. Seither verlangt Hanna von Michael, dass er ihr aus seinen Schullektüren vorlese, bevor sie miteinander schlafen. Erste Irritationen zwischen den ungleichen Liebespartnern entstehen, als Michael Hanna außerhalb ihrer Wohnung bei der Arbeit als Straßenbahnschaffnerin überraschen will und sie ihn bewusst nicht beachtet. Bei dem anschließenden Streit gelingt die Klärung der eigentlichen Ursache des Zerwürfnisses nicht, sondern er gerät zu einem Machtkampf. Hanna verhält sich Michael gegenüber dabei so abweisend, dass er seine Position preisgibt und alles zu tun bereit ist, um sie zu versöhnen. Auf einer gemeinsamen Fahrradtour kommt es erneut zu einer für beide Seiten schockierenden Situation. Als Michael frühmorgens das gemeinsame Zimmer verlässt, um das Frühstück zu holen, findet er bei seiner Rückkehr Hanna verstört und gewaltbereit vor. Statt mit ihm zu reden, schlägt sie ihn mit ihrem Gürtel ins Gesicht und beginnt anschließend zu weinen. Es kommt zu keiner Aussprache, wohl aber zu einer Versöhnung im Liebesakt. Die Frage, ob Hanna den Zettel, den Michael im Zimmer hinterlassen hat und der sie über seinen Verbleib informieren sollte, tatsächlich nicht gefunden hat und ob dies der eigentliche Grund für ihre ausufernde Wut war, bleibt unklar.

Nach der Rückkehr beginnt sich die Beziehung der beiden zu verschlechtern, was besonders auf die sehr unterschiedlichen Lebenswelten zurückzuführen ist. Michael schließt sich immer öfter den Freizeitaktivitäten seiner Schulkameraden an, die die Sommernachmittage gern im Schwimm-

Michael wird zu Hannas „Vorleser"

Missverständnisse und Irritationen in der Beziehung

bad verbringen. Überdies fühlt er sich hingezogen zu seiner neuen Klassenkameradin Sophie. Dafür, dass er seine Beziehung zu Hanna vor allen für ihn bedeutsamen Menschen geheim hält, empfindet er zunehmend Schuldgefühle. Die Treffen in Hannas Wohnung verlaufen in einer gereizten Stimmung, sodass Michael sich fortwünscht zu seiner Peergroup. Als Hanna ihn spontan in einer öffentlichen Badeanstalt aufsucht, geht Michael ihr nicht entgegen, sondern bleibt bei seinen Freunden. Am nächsten Tag ist sie spurlos verschwunden.

Hannas
Verschwinden

Der zweite Teil:
Auseinanderset-
zung der zweiten
Generation mit
der „deutschen"
Schuldfrage

Die Studienjahre des angehenden Juristen Michael Berg stehen im Mittelpunkt des zweiten Romanteils. Als Angehöriger der nachwachsenden „zweiten" Generation nach dem Völkermord an den Juden im Dritten Reich beschäftigt ihn der gesellschaftspolitische Umgang mit den Tätern von damals sehr. Das Offenbarwerden des ganzen Ausmaßes der Verbrechen führt die Jugend zu der Frage, wie die eigene Nation entweder selbst an diesen Taten beteiligt sein oder sie stillschweigend geduldet haben konnte. Deshalb nimmt Michael mit besonderem Interesse an einem Seminar in der Universität teil, das die juristische Aufarbeitung der Vergangenheit zum Inhalt hat und in diesem Zusammenhang die Teilnahme an einem Prozess gegen NS-Täterinnen voraussetzt. Vor Gericht begegnet er seiner einstigen Geliebten Hanna, die dort auf der Anklagebank sitzt.

Hanna als
NS-Täterin vor
Gericht

Ihr wird vorgeworfen, als KZ-Aufseherin in Auschwitz an den Selektionen teilgenommen zu haben. Gemäß eines weiteren Anklagepunktes habe sie in einer Nacht, als Bomben fielen, eine Gruppe jüdischer Frauen und Mädchen in einer Kirche eingesperrt und bei einem ausbrechenden Brand nichts zu deren Rettung unternommen. Eine junge Frau und ihre Mutter haben den Brand überlebt, sodass die Jüngere nun als Zeugin anwesend sein kann.

Michaels
Gefühlsbetäu-
bung und die
Zerstörung seiner
Selbstgewissheit

Michael verfolgt gebannt den Prozess, fühlt sich jedoch die gesamte Zeit wie betäubt. Nur ein einziges Mal sieht Hanna zu ihm hin, ansonsten kommt es zu keinerlei Kontakt. Michaels zukunftsoptimistische, aufklärerische und kämpferische Haltung zu den Verbrechen der vorangegangenen Generation weicht dem Gefühl, durch seine Liebe zu Hanna in diese verstrickt zu sein. Es gelingt ihm nicht, sich von ihr völlig zu lösen, genauso wenig kann er aber ihr vergangenes Verhalten verstehen oder rechtfertigen. Hanna agiert vor Gericht taktisch unklug, weil sie zumeist offen ihre Handlungen beschreibt, ohne dabei die möglichen Folgen zu bedenken. Ihr fehlendes Gespür für die Situation, sprachliche Unsicherheiten und verschiedene, für das Gericht unerklärliche Verhaltensweisen führen dazu, dass ihre Schuld als besonders schwerwiegend beurteilt wird und sie zudem von ihren Mitangeklagten leicht in die Rolle der Hauptschuldigen gedrängt werden kann. Als Einzige gibt Hanna zu, bei dem Brand in der Kirche die Möglichkeit gehabt zu haben, die Türen zu öffnen und damit das Leben der jüdischen Frauen zu retten. Den Vorwurf, sie habe auch den Bericht über jene Nacht geschrieben, weist sie zunächst zurück. Als das Gericht von ihr jedoch zur Prüfung eine Schriftprobe verlangt, stimmt sie der belastenden Aussage zu.

Hannas taktisch unkluges Verhalten

Beim Nachsinnen entdeckt Michael schließlich Hannas Geheimnis, das ihm viele Erklärungen für bestimmte Verhaltensweisen bietet. Er weiß nun, dass Hanna Analphabetin und somit des Lesens und Schreibens unkundig ist. Damit erschließt sich ihm, dass es Hanna vor allem um die Vertuschung dieser Schwäche geht und sie vor Gericht lieber die Höchststrafe in Kauf nimmt, als enttarnt zu werden. Michael ist versucht, sein Wissen preiszugeben, um zu verhindern, dass Hanna sich weiterhin selbst schadet. Nach Rücksprache mit seinem Vater, der das Problem aus einer philosophischen Perspektive heraus zu lösen versucht, und im Respekt vor der Entscheidung, die Hanna für sich getroffen hat, unterlässt er dieses jedoch. Das Urteil für Hanna lautet

Hannas Analphabetismus als Ursache für ihre Lebenslügen

auf lebenslänglich. Michael gelingt es trotz vielfacher Bemühungen nicht, eine eindeutige Haltung zu den aufwühlenden Fragen zu entwickeln, die die Vergangenheit an ihn stellt.

Der dritte Teil:
Traumatisierung
Michaels als
Hinderungsgrund
für eine
unbeschwerte
Existenz

Im dritten Romanteil wird geschildert, wie die beiden Lebensläufe Hannas und Michaels nach dem Ende des Prozesses weitergehen. Michael ist nun ein Erwachsener, der sein Studium abgeschlossen hat und sich eine Existenz aufbaut. Die Wiederbegegnung mit Hanna im Prozess hat auf ihn jedoch eine traumatisierende Wirkung ausgeübt, was ihn an einer unbeschwerten Zukunftsplanung hindert. Seine Beziehungen zu Frauen scheitern an seiner ungelösten Bindung an seine einstige Geliebte, und so endet auch seine Ehe mit der Juristin Gertrud, mit der er eine Tochter hat, in der Scheidung. Beruflich schlägt er eine rechtshistorische Laufbahn ein, nicht zuletzt, um der Notwendigkeit des Anklagens, Verteidigens oder Richtens zu entgehen.

Wiederaufnahme
der Beziehung
und Alphabetisierung Hannas

Die Begriffe Schuld und Unschuld sind ihm fragwürdig und brüchig geworden. Zu Hanna, die ihre Haftstrafe verbüßt, nimmt er indirekt wieder Kontakt auf. Er schickt ihr von ihm besprochene Kassetten, zunächst mit einigen klassischen Lektüren, später mit selbst verfassten Texten. Ein Grußwort, das sie ihm irgendwann zurückschickt, zeigt ihm, dass sie inzwischen Lesen und Schreiben gelernt hat.

Enttäuschende
Begegnung vor
der erwarteten
Entlassung

Eines Tages wird Hannas Gnadengesuch stattgegeben, und die Leiterin der Haftanstalt wendet sich an Michael mit der Bitte, sie bei dem Eingewöhnen in ein ziviles Leben zu unterstützen. Eher widerwillig besucht Michael Hanna im Gefängnis und findet sie als alte Frau mit einem vernachlässigten Äußeren vor. Beide bemerken die Entfremdung und finden nicht zueinander. An dem Morgen, als sie entlassen

Selbstmord und
Vermächtnis
Hannas

werden soll, wird Hanna erhängt in ihrer Zelle aufgefunden. Im Gespräch mit der Leiterin erfährt Michael, wie Hanna in der Zeit ihrer Haft gelebt hat. Dabei wird deutlich, dass sie sich intensiv durch ausgewählte Lektüren mit den Verbrechen des Nationalsozialismus beschäftigt hat. Auch ihre letztwillige Verfügung suggeriert einen inneren Wandel, denn sie möchte ihr noch verbliebenes Geld der Jüdin geben, die damals den Brand in der Kirche überlebt hat. Michael besucht diese in New York und vertraut ihr die Wahrheit über seine vergangene Beziehung zu Hanna an. Sie vereinbaren, dass das Geld einer jüdischen Vereinigung gegen Analphabetismus übergeben werden soll, und verabschieden sich. Michael fasst den Entschluss, seine und Hannas Geschichte zu schreiben.

Die Personenkonstellation

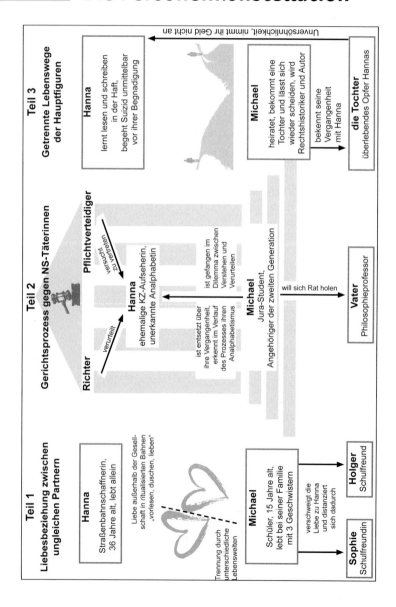

Teil 1
Liebesbeziehung zwischen ungleichen Partnern

Hanna
Straßenbahnschaffnerin, 36 Jahre alt, lebt allein

Liebe außerhalb der Gesellschaft in ritualisierten Bahnen „vorlesen, duschen, lieben"

Trennung durch unterschiedliche Lebenswelten

Michael
Schüler, 15 Jahre alt, lebt bei seiner Familie mit 3 Geschwistern

verschweigt die Liebe zu Hanna und distanziert sich dadurch

Sophie
Schulfreundin

Holger
Schulfreund

Teil 2
Gerichtsprozess gegen NS-Täterinnen

Richter — verurteilt

Pflichtverteidiger — versucht zu vertreten

Hanna
ehemalige KZ-Aufseherin, unerkannte Analphabetin

ist entsetzt über ihre Vergangenheit, erkennt im Verlauf des Prozesses ihren Analphabetismus

ist gefangen im Dilemma zwischen Verstehen und Verurteilen

Michael
Jura-Student, Angehöriger der zweiten Generation

will sich Rat holen

Vater
Philosophieprofessor

Teil 3
Getrennte Lebenswege der Hauptfiguren

Hanna
lernt lesen und schreiben in der Haft, begeht Suizid unmittelbar vor ihrer Begnadigung

Unversöhnlichkeit, nimmt ihr Geld nicht an

Michael
heiratet, bekommt eine Tochter und lässt sich wieder scheiden, wird Rechtshistoriker und Autor

bekennt seine Vergangenheit mit Hanna

die Tochter
überlebendes Opfer Hannas

Inhalt, Aufbau und erste Deutungsansätze

Erster Teil – Die Liebe zwischen einem Jugendlichen und einer älteren Frau

Vorbemerkung

Der Ich-Erzähler Michael Berg beginnt mit der Niederschrift seiner Geschichte zu einem Zeitpunkt, da er bereits ein Erwachsener ist. Aus seiner Erinnerung versetzt er sich zurück in sein damaliges Leben als Jugendlicher, weshalb es erzähltechnisch zu einer Überlagerung zweier Ebenen, der des erlebenden und der des rückblickenden, kommentierenden Ichs, kommt.[1]

Kapitel 1

Die Geschichte beginnt unvermittelt mit der Schilderung einer Krankheit, die den fünfzehnjährigen Ich-Erzähler plagt. Es handelt sich um eine schwere Gelbsucht, die als Symbol für Schwäche und Ohnmacht gedeutet werden kann. Michael Berg befindet sich körperlich und seelisch in einer Umbruchphase, die durch das Ende seiner Kindheit und die Unsicherheiten der Jugendzeit gekennzeichnet ist. Michael erbricht infolge seiner Gelbsucht auf offener Straße, empfindet dies als Kontrollverlust und schämt sich.

Die Gelbsucht als Zeichen der Schwäche und des Übergangs

Eine unbekannte Frau kommt ihm zur Hilfe, indem sie ihn in einen Hof zieht, ihm das Gesicht wäscht und das Erbrochene von der Straße spült. Die Hilflosigkeit Michaels steht dabei in Kontrast zu der Verhaltenssicherheit der Frau, die ihn zunächst „fast grob" (S. 6) umsorgt und ihn durch eine Umarmung tröstet, als er zu weinen beginnt. Als er nach Hause zurückgekehrt ist, übernimmt seine Mutter die Führung, indem sie einen Arzt holt und ihren Sohn nach aus-

Erstbegegnung mit der fremden Frau

---

[1] Genaueres zu den Erzählebenen vgl. „Zur Erzählweise und Sprache des Romans „Der Vorleser", S. 84 ff.

Verschränkung
der Frauenfiguren
durch das Motiv
der Fürsorge

gestandener Krankheit veranlasst, sich bei der unbekannten Frau zu bedanken. Die Figuren der Mutter und der fremden Frau werden hier durch das Motiv der Fürsorge miteinander verschränkt.

Kapitel 2

Das Motiv des
Hauses in der
erinnerten
Realität und im
Traum

Aus einer späteren Perspektive in seinem Leben denkt Michael über seine immer wiederkehrenden Träume nach, in denen das Motiv eines Hauses im Mittelpunkt steht. Es ist das Haus, in dem Hanna gelebt hat. In der mittlerweile vergangenen Realität befindet es sich in der Bahnhofstraße und verfügt über eine ausgesprochen extravagante Architektur. Seine Größe lässt es als dominant und seine zahlreichen schnörkelhaften Einzelheiten als auffällig und herrschaftlich erscheinen. Die Fassade ist jedoch „von den Jahren und vom Rauch der Züge dunkel geworden" (S. 9), weshalb Michael sich auch seine Bewohner als düstere und seltsame Men-

Symbol für
Hanna und für
das national-
sozialistische
Deutschland

schen vorstellt. Dass das Motiv des Hauses Michael während seines gesamten Lebens in seinen Träumen verfolgt, lässt vermuten, dass es symbolisch einerseits für sein Bild von Hanna und andererseits für die nationalsozialistische Vergangenheit Deutschlands steht. Dafür sprechen das Alter, die Lage in unmittelbarer Nähe zum Bahnhof, von dem aus die Deportationen der Juden in die Massenvernichtungslager stattgefunden haben, und die rußgeschwärzte Fassade. Die Dominanz des Hauses innerhalb der Häuserzeile zeigt an, wie sehr die Episode des Dritten Reiches die Geschichte Deutschlands prägt, und betont andererseits Hannas zentrale Rolle in Michaels Leben. Dagegen sind der Abriss und der Ersatz des Hauses durch ein neues Haus voller kleiner Apartments und Geschäfte und mit einem glatten und hellen Putz als der Versuch zu verstehen, das Vergangene zu verdrängen und den Blick auf die Zukunft und das moderne Leben mit seiner Konsumorientierung und seiner Rast- und Heimatlosigkeit zu richten.

Im Traum bleibt das Haus äußerlich gleich, steht aber an jeweils anderen Orten, manchmal sogar im Ausland. Der träumende Michael fährt oder geht auf das Haus zu, dessen „Brandmauern [es] abgeschnitten, unzulänglich aussehen" lassen (S. 10) und dessen Fenster so staubig sind, dass es blind wirkt. Obwohl er bis zur Tür vordringt und die Klinke berührt, öffnet er sie nicht, sondern wacht auf, bevor er ins Innere sehen kann. Die Unzugänglichkeit des Hauses entspricht der gesellschaftlichen Tendenz der Verdrängung und Verleugnung, mit welcher die Deutschen nach dem Krieg auf die Konfrontation mit den von ihnen begangenen Verbrechen reagierten. Der nachwachsenden Generation wurde vielfach auch innerfamiliär der Blick auf die Verstrickungen der Väter in das nationalsozialistische System verwehrt, und ebenso lässt auch Hanna nicht zu, dass Michael bis in ihr Innerstes vordringt und ihre Geheimnisse entdeckt.

Die Hausträume – Versuche der Annäherung an verborgene Geheimnisse

Michaels Hausträume (die doppelte Symbolik des Hauses)

Symbol für die Beziehung zwischen Michael und Hanna	Beschreibung	Symbol für die NS-Vergangenheit
zentrale Bedeutung Hannas in Michaels Leben	Dominanz in der Häuserzeile	Drittes Reich als dominanter Faktor in der Vergangenheit Deutschlands
Bruch der Beziehung, Versuch Michaels, neue Beziehungen einzugehen	Abriss und Neubau mit modernen Läden und Appartments	Wunsch, die NS-Vergangenheit hinter sich zu lassen („Schlussstrich-Mentalität")
dunkle Vergangenheit Hannas	Dunkelheit der Außenwände durch den Rauch der Züge	Hinweis auf Deportationen und Massenvernichtung der Juden
Erinnerung an Hanna begleitet und prägt ihn lebenslang.	Michael träumt von dem Haus an unterschiedlichen Orten.	Erinnerung an die Vergangenheit als beunruhigendes Wissen
Hannas Isolation und Unzugänglichkeit	Brandmauern lassen das Haus abgeschnitten aussehen, die Fenster sind „blind".	Unmöglichkeit, die Ursachen und das Ausmaß der damals begangenen Taten voll zu erfassen
Michael findet keinen Zugang zu Hannas Innerem.	Michael drückt die Klinke und wacht auf.	Ein Verstehen damaliger Gräueltaten ist unmöglich.

Liebe zu Hanna und Umgang mit der Vergangenheit als Lebensthemen

Die Hausträume zeigen Michaels Sehnsucht nach Hanna und seine Neugier auf das, was hinter ihrer persönlichen sowie der gesamtdeutschen Fassade verborgen ist. Die ständige Wiederkehr desselben Traums in verschiedenen Variationen zeigt an, dass seine Liebe zu Hanna und das Gefühl, in die nationale Vergangenheit verstrickt zu sein, für ihn zentrale Lebensthemen sind, mit denen er nicht abschließen kann.

Kapitel 3

Im Inneren des Hauses

Als Michael das erste Mal das Innere des Hauses betritt, um sich bei der noch unbekannten Frau zu bedanken, stellt es sich ihm völlig anders dar als vermutet. Statt des erwarteten Schmucks ist es durch Zeichen des Verfalls und den Geruch von Putzmitteln gekennzeichnet. Bei der Beschreibung der Wohnung Hannas fällt auf, dass sich ihr Leben vor allem in der fensterlosen und dunklen Küche abspielt. Einzig das selten beheizte und daher auch wenig benutzte Wohnzimmer hat ein Fenster zur Straße, von dem aus Michael den „Blick auf das Gelände des ehemaligen Bahnhofs, das um- und umgewühlt wurde und auf dem hier und da schon die Fundamente neuer Gerichts- und Behördengebäude gelegt waren" (S. 13), richtet. An diesem Bild zeigt sich abermals der gesellschaftliche Umgang mit der Vergangenheit, einerseits das Bedürfnis, zu untergraben und zu vertuschen, und andererseits der Wunsch danach, dass die von den Bahnhöfen ausgehenden Deportationen in den Tod nunmehr durch eine neue Gerechtigkeit abgelöst werden sollen.

Das „neue" Deutschland: Gerechtigkeit statt Verbrechen?

Offen zur Schau getragene Weiblichkeit/ sexuelle Anziehungskraft

Michael bedankt sich bei Frau Schmitz mit Sätzen, die er sich vorher zurechtgelegt hat und dann aufsagt. Dieses Vorgehen offenbart seine kindliche Hilflosigkeit. Sie unterbricht ihre derzeitige Tätigkeit nicht und so beobachtet er sie beim Wäschebügeln. Ihre Bewegungen und ihr „großflächiges, herbes, frauliches Gesicht" (S. 14) fallen ihm ebenso auf wie die Tatsache, dass sie auch ihre Unterwäsche bügelt und ihn dabei zusehen lässt. Während sie bei der ersten Begegnung eher mütterliche Züge trägt, werden nun Hannas offen zur Schau getragene Weiblichkeit sowie ihre sexuelle Anziehungskraft deutlich.

Kapitel 4

Dieser Eindruck bestätigt sich, als sie Michael auffordert, mit dem Aufbruch auf sie zu warten, sich in der Küche umzieht und dabei die Tür einen Spalt geöffnet lässt. Michael beobachtet sie dabei, wie sie sich die Strümpfe anzieht und an den Strumpfbändern befestigt. Die Faszination, die Hanna dabei auf ihn ausübt, erschöpft sich jedoch nicht in der Erotik dieses Bildes, sondern liegt in der Besonderheit der für Hanna typischen Haltungen und Bewegungen. Jahre später erst kann der Ich-Erzähler Hannas Anziehungskraft mit der für sie typischen Weltvergessenheit erklären. Mit Blick auf die gesamte Biografie Hannas liegt es nahe, ihre in sich ruhende körperliche Wirkung im Zusammenhang mit ihrer selbst gewählten Isolation und den Geheimnissen in ihrer Vergangenheit zu sehen. Zu diesem frühen Zeitpunkt weiß Michael davon allerdings nichts, und so wundert er sich selbst über sein Begehren für eine Frau, die nicht dem Typ entspricht, den er normalerweise begehrenswert findet. Als Hanna ihm ins Gesicht sieht, wird er rot und flüchtet ohne ein weiteres Wort aus der Wohnung.

Erotik und Faszination zwischen Küche und Flur

Hannas Weltvergessenheit

Kapitel 5

Michael kehrt nach einer Woche wieder zu der Wohnung von Frau Schmitz zurück. Im Nachhinein denkt er in selbstkritischer Weise über die Gründe nach, die zu dieser Handlung geführt haben. Dabei kommt er zunächst auf den realitätsfernen Zustand während einer Phase der Krankheit zu sprechen, in welchem er sich in jener Woche befunden hat. Besonders für Heranwachsende handele es sich um

Reflexion der Gründe für die Rückkehr

„verwunschene Zeiten" (S. 19), da die krankheitsbedingte Isolation von der Außenwelt die Fantasie anrege und die innere Welt voller „Sehnsüchte, Erinnerungen, Ängste, Lüste" (S. 20) die Kontrolle über den Kranken übernehme.

Krankheit als Grenzerfahrung und Einbruchstor für unbewusste Sehnsüchte

Derartige Erfahrungen, in denen das Unbewusste den Menschen dominiert, überschreiten die sonst geltenden Grenzen von Gut und Böse sowie Möglich und Unmöglich. Indem Michael seine Krankheit als Grenzerfahrung markiert, zeigt er auf, dass der Zustand der Schwäche weit über das körperliche Erleben hinausgeht und zu einer gesteigerten Empfänglichkeit des Menschen für seine unbewussten Triebe und Sehnsüchte führt. In seinem Falle sind es erotische Bilder von Hanna Schmitz, die ihn nachts und tagsüber verfolgen und deren er sich aufgrund seiner moralischen Erziehung schämt.

Auch versucht er sich auf rationale Weise einzureden, dass er ohnehin nicht von seinem Begehren lassen könne und daher auch versuchen dürfe, seine intimen Wünsche in die Tat umzusetzen, zumal es ihm wahrscheinlich nicht gelingen werde. Dass er sich mit solcherlei Vernünfteleien (vgl. S. 21) selbst etwas vorgemacht hat, gibt er zu.

Letztlich jedoch muss er sich eingestehen, dass er nicht weiß, warum er zu Hanna zurückgegangen ist. Er verallgemeinert seine eigentlich paradoxe Handlungsweise noch, indem er feststellt, dass Denken, Entscheiden und Handeln nicht zwingend eine Einheit ergeben müssen. Als Beispiele dafür, dass das Handeln „seine eigene Quelle" (S. 22) hat, führt er unvernünftige Handlungsweisen wie etwa das Rauchen an.

Eigendynamik des Handelns – Entlastung der NS-Täter?

Die Überlegungen, die Michael hier anstellt, sind zwar offensichtlich in erster Linie auf seinen Entschluss bezogen, Hanna abermals aufzusuchen, gewinnen im Gesamtkontext des Romans jedoch noch eine übergeordnete Bedeutung. Dem menschlichen Handeln wird eine Eigendynamik zugewiesen, die sich unkontrolliert durch das Denken und das Entscheiden entfalten kann. Insofern kann es zu paradoxen, widersinnigen, unvernünftigen und vielleicht auch verbrecherischen Handlungen kommen. Es stellt sich die Frage, ob mit dieser Argumentation und vor dem Hintergrund dieses Menschenbildes nicht nur Michael Berg, sondern auch die NS-Täter gewissermaßen eine Entlastung von ihrer Schuld erfahren.

Kapitel 6

Michael geht erneut zum Haus Hannas, findet sie jedoch nicht vor. Stundenlang wartet er im Treppenhaus, bis er sie „gleichmäßigen, langsamen, schweren Schritts" (S. 23) die Treppe heraufkommen hört. Die Gangart Hannas verrät die Last, die sie trägt, und deutet auf ein mühsames Leben hin. Michael kann an ihrer Uniform sehen, dass sie Straßenbahnschaffnerin ist. Tatsächlich hat sie schwer beladene Kohleschütten zum Heizen der Wohnung in der Hand, die sie aus dem Keller mitgebracht hat. Die Selbstverständlichkeit, mit der sie auf die Anwesenheit Michaels reagiert, wirkt verblüffend. Anstatt nach dem Grund seines Besuchs zu fragen, schickt sie Michael in den Keller, um noch mehr Kohlen hochzuholen, und übernimmt mit diesem Verhalten die Führung über das weitere Geschehen. Dem entspricht ein Sprachverhalten, das wesentlich durch Appelle und bündige Aussagen gekennzeichnet ist. Der Beginn ihrer Beziehung ist somit nicht ein langsames Sich-Annähern, sondern durch den Altersunterschied und die daraus resultierenden Rollen wesentlich mitgeprägt.

Hanna übernimmt die Führungsrolle

Wohl aufgrund seiner Aufregung agiert Michael ungeschickt. Im Keller passiert ihm ein Missgeschick beim Füllen der Koksschütten, sodass er völlig verschmutzt wieder oben in der Wohnung ankommt. Symbolisch unterstreichen die herabrollenden Kohlen den inneren, aufgewühlten Zustand des Ich-Erzählers. Oben angekommen, empfängt ihn Hanna mit einem unverhohlenen Gelächter und

Michaels Missgeschick als Symbol seiner inneren Verfassung

Verführung Michaels

Hanna, die reife Frau, verführt Michael, den Jugendlichen

fordert ihn auf, sich auszuziehen, um zu baden. Ihr Verhalten ist frei von Schamgefühlen oder Zurückhaltung und steht damit im starken Kontrast zur Innenwelt Michaels. Trotz ihrer gegenteiligen Versicherung sieht sie ihn offen an, als er nackt ist, und steht schließlich selbst nackt hinter ihm, als er sich aus der Badewanne erhebt. Die Schilderung legt nahe, dass es Hanna ist, die den Fünfzehnjährigen verführt. Ihre Worte „Darum bist du doch hier!'" (S. 26) implizieren indes, dass Hanna lediglich auf die uneingestandenen Sehnsüchte Michaels reagiert. Durch ihre sichere Körpersprache überwindet Michael seine aufkeimenden Angstgefühle und kann sich ihr hingeben.

Liebesakt oder sexuelle Ausbeutung?

Die Schilderung des ersten Geschlechtsverkehrs zwischen Michael und Hanna wirft die Frage auf, ob es sich hier um eine Liebesszene handelt oder ob man eher von sexueller Ausbeutung eines noch Unmündigen durch eine reife Frau sprechen kann.

Kapitel 7

Michael erinnert sich, von jenem Moment an in Hanna verliebt und ihr dankbar gewesen zu sein. Er erinnert sich an das Ritual, an kalten Tagen in der warmen Küche von seiner Mutter gewaschen und angezogen worden zu sein, das er ebenfalls als eine unverdiente Wohltat empfunden hat. Die erneute Verschränkung der Mutter mit der Sexualpartnerin lässt auf die noch kindliche Psyche des Ich-Erzählers schließen, und seine Verwunderung über jede unzweckmäßige Zuwendung durch eine Frau zeigt, wie schwer er sich mit der Gestaltung von Liebesbeziehungen tut. Diese sind für ihn mit tiefen Schuldgefühlen verbunden, und so glaubt er, den Frauen etwas abgelten zu müssen, die mit ihm geschlafen haben.

Einblick in Michaels Psyche und sein Verhältnis zu Frauen

Andererseits führt die Erfahrung, mit einer Frau intim gewesen zu sein, auch zu einem steigenden Selbst- und Männlichkeitsbewusstsein. Ein sichtbares Zeichen dafür ist die nun beginnende Ablösung von seinem Elternhaus. Als er zu seinen Eltern und den Geschwistern zurückkehrt, gebraucht er souverän eine Lüge, um seine Verspätung zu erklären, und verkündet seine Entscheidung, nach der Krankheitsphase nun wieder zur Schule zu gehen. Die Reaktionen der Mutter und seiner Geschwister zeigen, dass sie Michael noch immer wie ein Kind behandeln und ihm ein selbstständiges Handeln nicht zutrauen. Nach einigen bissigen Bemerkungen durch seinen älteren Bruder wendet sich die Mutter an den Vater, damit er eine endgültige Entscheidung treffe. An Michaels Reflexionen wird deutlich, dass der Vater, ein Intellektueller und Hochschulprofessor, zu dem Rest seiner Familie eher unterkühlte und sachliche Beziehungen pflegt, weil er seinen Lebensmittelpunkt in seiner Arbeit sieht. Die offenbar fehlende emotionale Bindung zwischen Eltern und Kindern, wie Michael sie erfahren hat, lässt vermuten, dass Hanna für Michael in verschiedener Hinsicht eine Gegenwelt repräsentiert. Auch seine

Steigendes Selbst- und Männlichkeitsbewusstsein

Michaels Beziehung zum Vater: Sachlichkeit statt Emotion

Gegenwelt

bereits vorausgedeuteten Probleme in der späteren Gestaltung von Beziehungen müssen im Zusammenhang mit seiner Erziehung gedeutet werden, die durch einen starren Moralbegriff, eine umfassende Bildung, aber auch Leibfeindlichkeit und fehlende Zuwendung gekennzeichnet ist.

Ablösung von der Familie

Trotz dieser kritischen Sichtweise auf seine Familie fühlt sich Michael an diesem Tag noch ein letztes Mal mit ihr verbunden, weil er weiß, dass er sich von ihr ablösen wird. Als sein Vater ihn in seiner Entscheidung unterstützt, wieder zur Schule zu gehen, ist er sicher, dass damit „der Abschied vollzogen" (S. 32) ist.

Kapitel 8

Hannas Waschzwang und seine versteckten Ursachen

Michael geht von nun an jeden Tag zu Hanna und schwänzt dafür sogar die letzte Schulstunde. Ihr Zusammensein nimmt ein wiederkehrendes, rituelles Muster an, das aus Duschen und anschließendem Geschlechtsverkehr besteht. Hannas „peinliche[...] Sauberkeit" (S. 33) lässt vermuten, dass es sich hierbei um ein zwanghaftes Verhalten handelt. Dass dieses seine tiefere Ursache in ihrer Vergangenheit hat und mit einer Schuld zu tun hat, von der sie sich reinwaschen will, erfährt der Leser jedoch erst sehr viel später. Dass Hanna nicht nur sich, sondern auch Michael

Einführung in eine neue Lebensphase

gründlich wäscht, deutet hingegen auf seinen Übergang in die Welt der Erwachsenen hin. Dem Element des Wassers kommt dabei eine symbolische Funktion zu, denn es ist das Medium, durch welches der Jugendliche zum Erwachsenen wird und damit in eine neue Phase seiner Entwicklung übergeht. Darum kann man hier von einer Initiation (Einführung in eine neue Lebensphase) Michaels sprechen.

Dominierende Rolle Hannas beim Liebesspiel

Die Schilderungen der Liebesakte weisen darauf hin, dass die wesentlich ältere Hanna dabei eine dominierende und beherrschende Rolle einnimmt. Michael bemerkt, dass er „für sie nur da [sei], weil sie sich mit mir, an mir Lust machte" (S. 33). Trotz ihrer offenen, freizügigen sexuellen Beziehung stellen sich Intimität und Nähe zunächst nicht ein, weil es in erster Linie um Lustbefriedigung geht. Hanna wird somit als eine Frau vorgestellt, die ihre Bedürfnisse kennt und einfordert, sodass Michael ihr Verhalten als besitzergreifend erlebt. Die Folgen, die dies für den Jugendlichen haben könnte, bedenkt sie dabei nicht.

Erst nach einer Woche fragt Michael Hanna nach ihrem Vornamen und erntet zunächst einen misstrauischen Blick. Warum sie so zögerlich reagiert und sich durch eine so harmlose Frage rätselhaft angegriffen fühlt, erschließt sich dem Leser erst, als er später von ihrer Vergangenheit als NS-Aufseherin erfährt und sich daher denken kann, dass sie jederzeit fürchten muss, als solche enttarnt und belangt zu werden. Nachdem sie ihren Namen preisgegeben hat, fragt sie Michael nach dem seinen. Auch die Frage, warum sie diesen nicht bereits weiß, da doch Michael seine Schulhefte immer offen auf ihren Tisch legt, kann Michael und mit ihm der Leser erst später im Bewusstsein ihres Analphabetismus beantworten. Hanna schätzt Michael auf siebzehn, was er auch nicht korrigiert, und erfährt, dass er noch ein Schüler ist. Die Frage nach dem Alter ist insofern relevant, als es sich juristisch gesehen bei dem Geschlechtsverkehr mit unter Sechzehnjährigen um eine Straftat handelt und Hanna sich demnach hierin schuldig macht.

Vorausdeutungen auf Hannas Schuld und ihren Analphabetismus

Ihre sexuelle Beziehung zu Michael problematisiert Hanna nicht, hingegen wirkt sie im weiteren Gesprächsverlauf alarmiert, weil ihr klar wird, dass er für sie die Schule schwänzt und damit riskiert, die Klasse wiederholen zu müssen. Möglicherweise will sie nicht, dass er seine Chance auf Bildung nicht wahrnimmt. Völlig unvermittelt verweist sie ihn ihres Bettes und will ihn so lange nicht sehen, wie er nicht seine schulische Arbeit erledigt. Michael reagiert auf diese schroffe und abweisende Reaktion völlig entsetzt, weil er die Gründe nicht richtig einschätzen kann. Ein klärendes Gespräch ist nicht möglich.

Unversöhnlicher Abschied durch Hannas Gesprächsverweigerung

Das Zusammentreffen, das mit sexueller Leidenschaft begonnen hat, endet unversöhnlich. Ein Verständnis füreinander wird durch Hannas noch verborgene Geheimnisse sowie durch ihre Schwierigkeiten, einfühlsam und situationsangemessen zu kommunizieren, erschwert.

Kapitel 9

Melancholischer Rückblick auf das vergangene Glück

Michael reflektiert aus der Distanz heraus die bereits vergangene Zeit mit Hanna. Dabei bezieht er die Kenntnis um ihre schuldbehaftete Vergangenheit mit ein und bedauert, dass das vergangene Glück „im Rückblick [dadurch] brüchig [wird], daß es häßliche Wahrheiten" (S. 39) verbirgt. Die hohen Erwartungen und das Vertrauen junger Menschen in eine bessere Zukunft machen ihn rückblickend melancholisch, weil er für sich die Erfahrung gemacht hat, dass sie sich nicht erfüllen werden.

Hannas Existenzweise im Hier und Jetzt

Seine einstige, zukunftsoptimistische Haltung stellt er dabei in einen starken Kontrast zu Hannas Lebensweise. Sie scheint nur im Hier und Jetzt zu leben und sich von ihrer Vergangenheit entfremdet zu haben. Auf Michaels Fragen antwortet sie nur lückenhaft und knapp und wirkt dabei, als gehe es um das Leben eines unbekannten Menschen. Auch die Zukunft nimmt sie nicht in den Blick, plant und erwartet nichts und stellt sich auch nicht vor, wie ihr Leben weitergehen wird. Ganz anders verhält sich Michael, denn er versucht, sich ihre zukünftige Beziehung vorzustellen, und sucht sogar in der Literatur nach Vorbildern für die Bindung eines jungen Mannes an eine erwachsene Frau. Er findet sie in Stendhals „Schwarz und Rot", in Thomas Manns „Die Bekenntnisse des Hochstaplers Felix Krull" sowie in der Biografie Goethes. Indem er sich mit den literarischen Helden identifiziert, findet er sein eigenes derzeitiges Erleben in der Literatur gespiegelt. Damit kann er seine Gefühle besser einordnen und bewerten. Seine umfassende Bildung verhilft ihm, sich selbst besser zu verstehen, denn durch den

Die Leistung der Bildung – Spiegelung des eigenen Erlebens und Gewinn einer Zukunftsvorstellung

Bezug zur Literatur kann er auf sein eigenes Leben zurück-
blicken und in der Fantasie seine Zukunft gestalten.

Ritualisierte Treffen: „Vorlesen, duschen, lieben" (S. 43)

Im weiteren Verlauf taucht er wieder ein in die unmittelbare Erinnerung an die Zeit als Schüler mit Hanna, die er als
ausgefüllt und glücklich erlebt. Der Leser erfährt, dass er
sich mit der Weimarer Republik und dem Dritten Reich befassen muss und in Deutsch Lessings „Emilia Galotti" und
Schillers „Kabale und Liebe" liest. Die genannten Themen
haben einen unmittelbaren Bezug zur weiteren Romanhandlung, weil sie einerseits die NS-Vergangenheit in das
Blickfeld des Lesers rücken und andererseits die Frage nach
schuldbehafteten Liebesbeziehungen im Spannungsfeld
ethischer und gesellschaftlicher Konflikte aufwerfen.

Spiegelungs- und Kommentarfunktion der Unterrichtsthemen

Hanna interessiert sich sehr für die Bücher, die Michael für
den Unterricht lesen muss, und fordert ihn auf, diese ihr
vorzulesen. Das Ritual ihres Zusammenseins wird von nun
an um das Vorlesen erweitert, das jeweils am Beginn steht
und Hanna ganz offensichtlich viel Freude bereitet. Die
emotionale Anteilnahme am Vorgelesenen erklärt sich
auch dadurch, dass ihr das Vergnügen am Lesen als Analphabetin verwehrt ist. Wie ein Kind nimmt sie die Erzäh-

Bedeutung des Vorlesens für die Analphabetin Hanna und Michael lungen unvermittelt und unreflektiert auf. Ihre Kommentare über Emilia Galotti und Luise Miller aus Lessings und Schillers Dramen, die sie als „dumme Gören" (S. 43) abqualifiziert, zeigen zudem, wie wenig sie deren tiefen ethischen Konflikt nachvollziehen kann.[1] Die in der Literatur thematisierten Probleme erschließen sich ihr aufgrund ihres geringen Abstraktionsniveaus nicht. Michael genießt das Vorlesen und wertet diesen Ausschnitt seiner Vergangenheit im Rückblick als vollkommenes Glück.

Kapitel 10

Streit über die erste Begegnung in der Öffentlichkeit

Nach den ersten Irritationen kommt es zu Beginn der Osterferien zwischen Michael und Hanna zu einem schwerwiegenden Streit. Michael ist früh aufgestanden, um Hanna bei der Frühschicht in der Straßenbahn als Fahrgast zu überraschen. Weil sie ihm erzählt hat, dass am Morgen die Bahn noch sehr leer sei, steigt er in den zweiten Wagen und hofft, Hanna möge sich von dem Gespräch mit dem Fahrer im ersten Wagen lösen und dann zu ihm kommen. Obwohl sie ihn sieht, tut sie dies nicht, und Michael steigt nach langer Fahrt enttäuscht in einer ländlichen Gegend aus. Er fühlt sich wie in einem Albtraum und weint den gesamten Weg zurück nach Hause. Dennoch geht er noch am selben Tag zu Hanna, fest entschlossen, sie zur Rede zu stellen.

Hannas aggressives Verhalten und Michaels schockiertes Einlenken

Hanna agiert im Gespräch gefühlskalt und ironisch. Statt sich zu rechtfertigen, macht sie ihm Vorwürfe, in den falschen Wagen gestiegen zu sein und sich damit nicht zu ihr bekannt zu haben. Ohne ihn weiter anzuhören, verweist sie ihn der Wohnung und unterstreicht diesen Appell durch eindeutige körpersprachliche Signale. Michael geht nicht, sondern setzt sich aufs Sofa und denkt angestrengt darüber nach, ob sie sein Verhalten tatsächlich auf irgendeine

---

[1] Genaueres zur Rolle der Literatur im Roman vgl. *„Manchmal drängte es mich selbst weiterzulesen."* – von der Bedeutung der Literatur im Roman „Der Vorleser", S. 94 ff.

Weise missverstanden haben könnte. Entgegen seiner eigenen Wahrnehmung, im Recht zu sein, entschuldigt er sich und gibt nach. Hanna jedoch reagiert mit einer abweisenden Bemerkung, wendet sich ab und entkleidet sich, um zu baden.

Im Nachhinein fragt sich der Erzähler, ob sie durch ihr Verhalten „nur ein Machtspiel hatte gewinnen wollen" (S. 49), denn wie sie offenbar erwartet hat, kehrt Michael zu ihr zurück. Aus Angst davor, zurückgewiesen zu werden, verzichtet er auf seine eigene Sicht der Dinge und das Recht, diese vorbringen zu dürfen. Dabei akzeptiert er sogar offensichtlich paradoxe und verworrene Aussagen Hannas, die ihr Verhalten in keiner Weise erklären können. Seine beginnende emotionale Abhängigkeit zeigt sich auch durch seine rückversichernden Fragen, ob sie ihm verzeihe und ihn liebe. Beide versöhnen sich durch ihr bereits gewohntes Ritual. Die Folgen ihres Streits sind für Michael fatal, denn er wiederholt bei jedem neuerlichen gefühlskalten Agieren Hannas sein unterwürfiges Verhalten.

Beginnende emotionale Abhängigkeit und Unterwerfung

Die zugrunde liegenden Konflikte können auch deshalb nicht bearbeitet werden, weil weder konstruktive Konfliktgespräche noch schriftliche Auseinandersetzungen, die Michael in Form des Briefeschreibens anstrebt, möglich sind. Das Unverständnis füreinander steht in einem starken Kontrast zu dem beiderseitigen körperlichen Lusterleben.

Unfähigkeit zur Bewältigung der Konflikte

Kapitel 11

Michael nutzt seine Osterferien, um mit Hanna eine mehrtägige Fahrradtour zu unternehmen. Damit verlässt das Paar den geschlossenen und sie beide schützenden Ort, der geprägt ist von den immer gleichen Ritualen ihrer Treffen. Die Vorbereitungen liegen allein bei Michael, der seine Eltern belügt, Geld beschafft und die Route plant. Die geschilderten gegensätzlichen Reaktionen seiner Mutter und seines Vaters, welche er mit der Formel „wie immer" (S. 51)

Vorbereitungen auf eine gemeinsame Fahrradtour

kennzeichnet, werfen ein Licht auf die starre, festgelegte Rollenverteilung in der Familie, die wenig Raum für Veränderungen lässt. Deshalb bemerken die Eltern nicht, was den Sohn tatsächlich gerade bewegt. Dessen Abschied von seiner Kindheit wird durch den Verkauf seiner Briefmarkensammlung zum Zwecke des ungestörten Zusammenseins mit einer älteren Frau nochmals unterstrichen. Als Michael mit der ungewöhnlich aufgeregten Hanna die geplante Route besprechen will, wiegelt sie ab. Auch dieses Verhalten wird Michael viel später als Vermeidungsstrategie einer Analphabetin verstehen, die nicht imstande ist, Landkarten zu lesen oder zu benutzen. Auch im weiteren Verlauf der Tour ist Hanna wiederholt den Anforderungen der sie umgebenden Schriftkultur ausgesetzt. Ihre Strategien, unerkannt zu bleiben, bleiben zunächst rätselhaft und sind erzählerisch als Vorausdeutungen zu verstehen. Die beschriebene Landschaft ist von der Schönheit der Natur gekennzeichnet. Einige Reiseimpressionen weisen zeittypischen Charakter auf, so symbolisiert der „amerikanische[…] Straßenkreuzer mit offenem Verdeck" (S. 53) den verlorenen Krieg und die Präsenz der Siegermächte in Deutschland.

Abschied von
der Kindheit

Vorausdeutungen
auf Hannas
Analphabetismus

Symbol für den
verlorenen Krieg
und die Präsenz
der Siegermächte

Die gemeinsame Fahrradtour als Höhe- und Wendepunkt der Beziehung zwischen Michael und Hanna

Michael, der Hanna und sich in den Hotels als Mutter und Sohn ausgibt, genießt die Fahrt, bis es zu einem schockierenden Zwischenfall kommt. Als er in Amorbach am Morgen das Zimmer verlässt, um das Frühstück zu organisieren, findet er Hanna nach seiner Rückkehr außer sich vor Wut vor. Sie schlägt ihm mit ihrem Gürtel ins Gesicht, bevor er sich überhaupt äußern kann, und beginnt dann zu weinen. Beides zeigt einen völligen Kontrollverlust Hannas, der sich noch dazu scheinbar ohne einen Anlass vollzieht, denn Michael hat ihr einen Zettel hinterlassen und sie somit informiert, wo er sei. Ob dieser tatsächlich verloren gegangen ist, wie Hanna behauptet, oder ob sie ihn hat verschwinden lassen, weil sie ihn nicht lesen konnte, bleibt offen. Michael reagiert erstarrt vor Schreck, auch weil ihm in seiner Erziehung derartige Ausbrüche nie begegnet sind und er gelernt hat, Konflikte kommunikativ zu bearbeiten. Hanna beruhigt sich, säubert Michael von seinem Blut und verführt ihn sogleich, ohne über ihr vorheriges Verhalten zu sprechen oder gar Zeichen der Reue zu zeigen. Auch als Michael dann versucht, die Situation aufzuklären, wähnt sie sich im Recht und wirft ihm vor, er könne nicht einfach so gehen.

Da der Zettel unauffindbar ist, gibt Michael seine Suche nach den Ursachen des Streits auf und liest Hanna aus Eichendorffs Novelle „Aus dem Leben eines Taugenichts" vor. Dieses Werk, in welchem ein umherziehender Jüngling verschiedene Abenteuer und Verwicklungen erlebt und lieber in den Tag hineinlebt als sich bürgerlichen Normen anzupassen, steht in einem Widerspruch zu Hannas Vorstellungen von Leistung und Pflicht. Ein verbindendes Element besteht dagegen in der Beziehung zwischen Mann und Frau, denn in der Novelle wird erzählt, wie sich ein Mann in eine Frau verliebt, deren Identität ihm bis zuletzt verschlossen bleibt.

Marginalien:

Hannas gewalttätiger und emotionaler Ausbruch und Michaels Hilflosigkeit und Schock

Kontrast- und Spiegelungsfunktion der Novelle „Aus dem Leben eines Taugenichts"

Veränderung der Beziehung

Angesichts des Streits verändert sich die Beziehung des ungleichen Paares. Michael empfindet eine noch größere Nähe zu Hanna, was auch ihre Sexualität von nun an prägt. Sie ist nicht mehr nur besitzergreifend auf die Befriedigung der eigenen Lust ausgerichtet, sondern beinhaltet das Moment des gegenseitigen Sich-Öffnens. In einem Gedicht Michaels aus dieser Zeit zeigt sich, wie sehr für ihn diese Hinwendung gleichermaßen ein identitätsstiftender, aber auch ein gefährlicher Akt ist, der das Risiko des gemeinsamen Untergehens birgt. Die folgenden Verse verdeutlichen diese ambivalente Wirkung seiner Liebe zu Hanna, die insbesondere durch die verwendeten Verben (öffnen, versinken, vergehen, sein) offenkundig wird.

„Wenn wir uns öffnen
du dich mir und ich dir mich
wenn wir versinken
in mich du und ich in dich,
wenn wir vergehen
du mir in und dir in ich.

Dann
bin ich ich
und bist du du." (S. 57)

Kapitel 12

Ein einziges Mal ist Hanna zu Besuch im Elternhaus Michaels. Als seine Eltern ankündigen, gemeinsam mit den beiden ältesten Geschwistern zu verreisen, hofft er sogleich auf eine Möglichkeit, mit Hanna auch die Nächte gemeinsam zu verbringen. Michael wundert sich im Rückblick über das Zutrauen seiner Eltern in seine Selbstständigkeit und fragt sich, ob die Gründe vielleicht auch in der Überforderung liegen könnten, vier Kindern gleichermaßen Aufmerksamkeit zu schenken. Michaels kleine Schwester soll bei einer befreundeten Familie untergebracht werden, weigert sich aber. Für eine Einwilligung verlangt sie von ihrem Bruder neue Kleidung und schlägt sogar vor, diese mangels Geldes zu stehlen. Dass Michael darauf ohne weitere Gewissensbisse eingeht und sogar noch ein Nachthemd für Hanna entwendet, stellt den Erfolg der strengen Moralerziehung im Hause Berg infrage. Um persönlicher Vorteile willen begeht Michael eine Straftat und entkommt nur knapp einem Kaufhausdetektiv.

Michaels Straftat und seine Bedenken-losigkeit

Da er nun eine Woche das Haus für sich hat, lädt er Hanna zu sich ein. Dabei spiegelt die Beschreibung der Wohnungseinrichtung den relativen Wohlstand der Familie sowie ihren hohen Bildungsgrad. Als Michael Hanna nach dem gemeinsamen Abendessen kurz allein lässt, um den Nachtisch zu holen, findet er sie im Arbeitszimmer des Vaters vor, wo sie die vielen Bücher in den Regalen berührt. Dass sie sich ohne Aufforderung oder Erlaubnis im Haus umsieht, zeigt ihre Neugier, die sie insbesondere für Bücher hegt, weil sie eine ihr nicht zugängliche Welt repräsentieren. Sie fragt Michael, ob sein Vater sie nur gelesen oder auch geschrieben habe, und erfährt, dass dieser Werke über die Philosophie Kants und Hegels verfasst hat. Michael liest Hanna auf ihren Wunsch hin Passagen aus seinen Artikeln vor, muss aber zugeben, nichts davon zu verstehen. Hanna stellt einen gedanklichen Zusammenhang zwischen dem Leben des Vaters und Michaels Zukunft her, indem sie danach fragt, ob er auch einmal solche Bücher schreiben werde. Dass sie sich für ihn eine wissenschaftliche oder literarische Laufbahn vorstellen kann, vergrößert den Abstand zwischen ihren beiden Lebenswelten noch. Weil sie spürt, dass sie in das Milieu der Bergs nicht hineinpasst und sie sich in deren Haus nicht wohlfühlt, übernachten die beiden schließlich wieder in Hannas Wohnung.

Hannas Besuch in einer für sie fremden Welt

Auseinander-klaffen der Lebenswelten

Kapitel 13

Michaels neue Klasse – Begegnung mit der gleichaltrigen Sophie/Gegenbild zu Hanna

Ein weiterer Abschnitt in Michaels Leben als Heranwachsender beginnt damit, dass in seiner Klasse im neuen Schuljahr erstmals Mädchen aufgenommen werden. Sofort fällt ihm seine Sitznachbarin namens Sophie auf, die mit ihren brünetten Haaren, ihrem jugendlichen Alter und ihrer gebräunten Haut ein Gegenbild zu Hanna darstellt. Michael glaubt, aufgrund seiner sexuellen Erfahrungen nun die Frauen zu kennen, und begegnet Sophie und den anderen Mädchen mit Gelassenheit. Im Nachhinein wundert er sich über die Spannbreite seiner damaligen Gefühle, die von überhöhtem Selbstbewusstsein bis zu großer Unsicherheit reichen.

Die Funktion der „Odyssee": Spiegelung der verwirrenden Gefühlswelt des jungen Michael zwischen Hanna und Sophie

Während der Schulstunden schweift sein Blick immer wieder derart auffällig zu Sophie, dass sein Lehrer ihn spöttelnd ermahnt, sich wieder mit der Übersetzung der „Odyssee" zu befassen.[1] Der Bezug zu dem Epos von Homer hat an dieser Stelle eine Spiegelungsfunktion, denn Michael Berg identifiziert sich mit dem Helden Odysseus, dessen Irrfahrten auf seiner Rückreise vom Trojanischen Krieg nach Hause eine Parallele zu seiner eigenen Suche nach sich selbst und zu seiner schwankenden Gefühlswelt darstellen. Eine andere Figur aus dem Epos, Nausikaa, eine Königstochter, die den schiffbrüchigen Odysseus rettet und ihm wieder neue Kraft für seine Weiterfahrt ermöglicht, kann er nun jedoch nicht mehr eindeutig zuordnen. Er weiß nicht, ob für ihn Hanna oder Sophie diese Rolle einnehmen wird, und zeigt damit seine noch unklaren Emotionen, wie sie typisch für einen Jugendlichen sind.

---

[1] Näheres zur erzählerischen Funktion der „Odyssee" vgl. *„Manchmal drängte es mich selbst weiterzulesen."* – von der Bedeutung der Literatur im Roman „Der Vorleser", S. 94 ff.

Kapitel 14

Michael verwendet die Metapher von einem Flugzeug, welches sich im abstürzenden Gleitflug befindet, weil die Motoren ausgefallen sind, um seine an Intensität nachlassende Liebe zu Hanna zu beschreiben. Wie die Passagiere zunächst nichts von der bevorstehenden Zerstörung bemerken, so schleichen sich von den Liebenden zunächst unbemerkt Momente der Entfremdung in ihre Beziehung. Im Folgenden werden diese beispielhaft beschrieben.

Der „Gleitflug" als Metapher für eine zu Ende gehende Liebe

Die stark ritualisierten Treffen behalten sie bei, jedoch bleibt die Begeisterung, mit der sich Hanna zuvor in die Welt der ihr vorgelesenen Bücher hineinversetzt hat, bei der neuesten Lektüre „Krieg und Frieden" von Leo Tolstoi aus. Sie reagiert scheu und zurückhaltend. Auch ein von Hanna initiiertes Spiel mit Kosenamen erzeugt eine Irritation. Als sie, die ihrerseits neben „Jungchen" nun auch viele andere Bezeichnungen – zumeist entlehnt aus der Natur und Michaels Jugendlichkeit betonend – für ihn hat, ihn auffordert, sie mit einem Tier zu vergleichen, ist sie von seiner Antwort entsetzt. Mit Blick auf ihre Körperlichkeit denkt Michael an ein Pferd, mit dem er durchweg positiv „etwas Gutes, Warmes, Weiches, Starkes" (S. 69) assoziiert. Hanna reagiert entgegen ihrer Gewohnheit nicht unmittelbar mit Zustimmung oder Ablehnung, sondern lediglich mit einem entsetzten Blick. Möglicherweise steht dahinter ihr Wissen um eine berüchtigte ehemalige KZ-Aufseherin namens Hermine Braunsteiner[1],

Momente der Entfremdung im Liebesleben des ungleichen Paares

Anspielung auf „die Stute von Majdanek"?

---

[1] Hermine Braunsteiner war eine reale Person, die als Aufseherin im Konzentrationslager Majdanek eingesetzt war und dort durch ihre besondere Brutalität auffiel. Beispielsweise ist von ihr überliefert, dass sie Kinder mit Stiefeln trat und mit Schöpfkellen schlug und sie hierdurch manchmal tötete. Nach Kriegsende wurde sie für eine kurze Zeit interniert, dann aber 1950 wieder freigelassen. Sie heiratete den Soldaten Russel Ryan und lebte lange Zeit unter ihrem neuen Nachnamen unerkannt in Kanada, bis man sie aufspürte und erneut wegen ihrer Kriegsverbrechen vor Gericht stellte. Im Zuge eines über fünfjährigen Prozesses, bei dem sie keinerlei Anzeichen von Reue zeigte, wurde sie zu lebenslanger Haftstrafe verurteilt.

die aufgrund ihrer Grausamkeit in den Medien während des Prozesses gegen sie als „die Stute von Majdanek" bezeichnet wurde. Hannas auflodernde Skepsis legt sich erst, als Michael ihr erklärt, wie er zu seinen Gedanken gekommen ist.

Halbherziger Versuch, als Paar in der Öffentlichkeit aufzutreten

Michael erzählt weiter von einem gemeinsamen Theaterbesuch in der Nachbarstadt, welcher seinen allerdings halbherzigen Versuch darstellt, sich als Liebespaar in der Öffentlichkeit zu zeigen. Denn beide wissen insgeheim, dass er sich in seiner Heimatstadt nicht in gleicher Weise zu ihr bekannt hätte. Das Stück, welches gespielt wird, Schillers „Kabale und Liebe", hat dabei eine inhaltliche Parallele zu der nunmehr langsam erkaltenden Liebe zwischen Michael und Hanna, denn es geht um die Zerstörung der gesellschaftlich als unschicklich geltenden Liebe einer Bürgerlichen und eines Adligen.

Die gesellschaftlichen und sozialen Unterschiede zwischen Hanna und Michael werden im Anschluss daran deutlich gemacht, indem Michael auf das unbeschwerte Leben der Jugendlichen aus seiner Klasse zu sprechen kommt. Dieses spielt sich vor allem im Schwimmbad ab, wo seine Mitschülerinnen und Mitschüler die „Leichtigkeit [ihres] Redens, Scherzens, Spielens und Flirtens" (S. 70 f.) genießen.

Das Schwimmbad – Treffpunkt der jungen Leute und Gegensatz zu Hannas enger Wohnung und Welt

Damit bilden sie einen krassen Gegensatz zu der abends nach der Arbeit erschöpft nach Hause zurückkehrenden und oftmals schlecht gelaunten Hanna. Als Michael sich wieder einmal aus dem Schwimmbad früher fortstiehlt, um seinen Geburtstag mit Hanna zu verbringen, kommt es zu einem Streit, dessen Ursache nicht erzählt wird. Dieser verläuft nach den inzwischen festgefahrenen Rollen, sodass Michael sich gezwungen sieht, sich zu erniedrigen, um Hanna wieder versöhnlich zu stimmen. Dieses Mal aber ist er „voll Groll" (S. 71) und wünscht sich weg von ihr zu den Menschen seines Alters.

Michaels innere Distanz zu Hanna

Kapitel 15

Michael bekennt schuldbewusst, Hanna in der Folgezeit verraten zu haben, indem er die Beziehung zu ihr seiner Peergroup verschwiegen und seine ältere Geliebte damit verleugnet hat. Der Beziehung zu den inzwischen guten Freunden Holger und Sophie ist dies ebenso abträglich wie seinem eigenen Gewissen, denn beide merken, dass er nicht ganz offen zu ihnen ist, und fragen sich nach dem Grund seiner häufigen Abwesenheit. Dass er ihnen diesbezüglich keine Auskunft gibt, weil er „nicht die richtige Gelegenheit, die richtige Stunde, das richtige Wort" (S. 73) dafür findet, bewirkt eine Kluft zwischen ihm und den Gleichaltrigen, die er niemals ganz zu schließen vermag.

Michaels „Verrat" an Hanna – Verleugnung ihrer Liebe

Deutlich wird dies insbesondere an einem Gespräch mit Sophie, die ihn sehr offen auf sein geheimniskrämerisches Verhalten anspricht und mutmaßt, er müsse aufgrund seiner damaligen Gelbsucht ständig in die Klinik. Obwohl Michael entsetzt ist, Hanna „als Krankheit" (S. 74) dargestellt zu wissen, bringt er es nicht über sich, Sophie die Wahrheit zu erzählen, und verstärkt dadurch die eigentümliche Einsamkeit unter seinesgleichen. Diese wird ihn sein ganzes Leben hindurch begleiten. Hier wird wiederum die Krankheit, die bereits zu Beginn stand, mit der Beziehung in eine enge Verbindung gestellt. Damit wird auf die „Krankhaftigkeit" und Chancenlosigkeit der nun bald zerbrechenden Beziehung angespielt.

Verpasste Chance Michaels, seine Isolation durch Offenheit zu durchbrechen

Kapitel 16

Michael erzählt von der bei aller Intimität nie völlig überwundenen Fremdheit zu Hanna. Ihr Anteil daran ist, dass sie ihm einen bestimmten, aber kleinen Platz in ihrem Leben zuweist und alles darüber Hinausgehende von vornherein vereitelt. Auffällig sind die Mittel, mit denen sie verhindert, dass Michael ihr persönlich nahkommt, denn sie erinnern an den Umgang einer Mutter mit einem Kleinkind. So

Hanna weist Michael nur eine Nische in ihrem Leben zu

benutzt sie beispielsweise leicht abgewandelte Abzählreime und speist Michael und seine ernst gemeinten Anliegen mit rhetorischen Fragen ab („Oder sie nahm meine Hand und legte sie auf ihren Bauch. ‚Möchtest du, daß er Löcher kriegt?'", S. 75). Weil beide zwar beispielsweise die gleichen Filme im Kino sehen und über sie sprechen, nie aber gemeinsam dorthin gehen, haben sie „keine gemeinsame Lebenswelt" (S. 75), sondern ihre Partnerschaft existiert nur in einem kleinen, von der Außenwelt völlig abgeschnittenen Raum.

Hanna verabschiedet sich innerlich von Michael

Umso größere Bedeutung kommt der einzigen unverabredeten Begegnung des Paares in der Öffentlichkeit zu, auf die Michael zu sprechen kommen will. Er holt dazu sehr weit aus und beschreibt die vorhergehenden Tage, in denen Hanna eigenartige Stimmungen von „launisch", „herrisch" bis „empfindlich" und „verletzlich" (S. 76) durchlebt, sodass Michael das Gefühl hat, sie stehe extrem unter Druck. Den Beginn einer neuen Lektüre lehnt sie ab und fordert ihn stattdessen auf, sich von ihr baden zu lassen. Ihr anschließendes Liebesspiel ist von nie gekannter Intensität, und Hannas Hingabe wirkt, „als wolle sie mit [ihm] zusammen ertrinken" (S. 77). Diese Todesmetaphorik bringt die zerstörerischen Persönlichkeitsanteile der Liebenden ebenso zum Ausdruck wie das nahende Ende ihrer Beziehung. Das Element Wasser im Ritual des Badens steht damit am Anfang und am Ende der Liebesbeziehung und markiert die Übergänge zwischen einzelnen Abschnitten in Michaels Leben. Der Leser erfährt später den Grund für Hannas Verhalten. Sie verabschiedet sich auf ihre Weise von Michael, weil sie ihren Wohnort wechseln wird, ohne ihn davon zu unterrichten.

Todesmetaphorik

Michael fährt anschließend, von Hanna dazu aufgefordert, zu seinen Freunden. Im Schwimmbad angekommen, spürt er jedoch die Wirkung des gerade Erlebten, denn er taucht „in das chlorige, milchige Wasser und hat[...] kein Bedürf-

Letzte, distanzierte Begegnung des Paares im Schwimmbad

nis, wieder aufzutauchen" (S. 77). Deutlich empfindet er eine Entfremdung von der Welt und den anderen Menschen, als sei er tatsächlich gestorben und als gehe ihn das Gerede seiner Freunde nicht länger etwas an. Später jedoch verfliegt die seltsame Stimmung, und so ist Michael wieder in das übliche gesellige Leben seiner Klasse eingebunden, als er Hanna erblickt. Sie schauen sich an, aber als Michael nach einer Weile zu ihr gehen will, ist sie bereits fort.

Entfremdung von der Welt und den anderen Menschen

Hannas Einsamkeit als Folge ihres fluchtartigen, angstvollen Abschieds

Kapitel 17

Hanna ist am folgenden Tag aus der Stadt und Michaels Leben verschwunden, und trotz intensiver Nachforschung gelingt es ihm nicht, einen eindeutigen Grund dafür zu ermitteln. Was er allerdings erfährt, ist, dass sie ihren Weggang so zügig realisieren konnte, weil sie ihre Wohnung möbliert gemietet hat. In der Personalabteilung bei der Straßenbahn kann man sich ihr Verschwinden nicht erklären, insbesondere, weil ihr zwei Wochen zuvor angekündigt worden war, dass sie zur Fahrerin ausgebildet werden solle und sich somit ihre Position verbessern werde. Der Leser ist zu diesem Zeitpunkt ähnlich ratlos wie Michael

Hannas Weggang aus der Stadt – Flucht vor Entdeckung

und kann sich erst später, nachdem er von ihrem Analphabetismus erfahren hat, einen Reim aus Hannas Verhalten machen. Ihre Flucht ist motiviert durch die Angst vor Entdeckung, denn eine Fortbildung zur Fahrerin hätte sie ohne schriftsprachliche Kenntnisse nicht meistern können, und sie wäre unweigerlich als Analphabetin bloßgestellt worden.

Michaels
Reaktion –
Schuldgefühle,
Übelkeit und
körperliche
Sehnsucht

Auf Michael jedoch, der davon noch nichts weiß, wirkt es, als habe sie ihn dafür strafen wollen, dass er sich nicht offen zu ihr bekannt hat. Und so plagen ihn neben der körperlichen Sehnsucht in der Folgezeit Übelkeit und Schuldgefühle. Einsam verbringt er seine Freizeit „an einer abgelegenen Stelle, wo [ihn] niemand suchte" (S. 80), im Schwimmbad. Die erzählte Episode ist für das Verständnis von Hannas Charakter bedeutsam, denn der Leser muss sich fragen, ob sie nicht hätte absehen müssen, was sie mit ihrem plötzlichen, unerklärlichen Weggang in Michaels Leben anrichten würde.

Zweiter Teil – Der Prozess gegen die ehemalige KZ-Aufseherin

Kapitel 1

Die erste Zeit ohne Hanna ist für Michael noch voller Erinnerungen und Sehnsüchte. Nachdem seine Familie in einen anderen Stadtteil umgezogen ist, rücken sie zwar in den Hintergrund, bleiben aber wirksam. Was er dann über seine Gefühlslage während der Folgejahre in Schule und Studium berichtet, zeigt, dass es ihm niemals wirklich gelungen ist, das Erlebte zu bewältigen, und dass es seinem Charakter und seinem Verhalten eine entscheidende Prägung gegeben hat. Oberflächlich betrachtet, bewertet er die Zeit ohne Hanna als „glückliche Jahre" (S. 84), in denen ihm alles leichtgefallen ist, wobei er sich jedoch eingestehen muss, dass nur wenig davon überhaupt in seinem Gedächtnis haften geblieben ist. Eine genauere Selbstbefragung ergibt, dass er sein „Erinnerungspäckchen" (S. 84) unbewusst klein hält und schmerzliche Situationen darin ausklammert, weil er glaubt, ähnlich intensive Gefühle der Liebe, aber auch der Schuld und Demütigung nicht nochmals ertragen zu können.

Dies äußert sich in einem großspurigen und überlegenen Verhalten, das Michael als einen Schutzpanzer benutzt. Nur wenige vertraute Menschen durchschauen seine wahren Beweggründe, können letztlich aber nichts dagegen tun. Besonders Sophie, die nach langer Krankheitsphase zurück in der Stadt ist, leidet unter Michaels Verhärtung. Denn er schläft mit ihr ohne jede innere Beteiligung und kann ihr nicht antworten, als sie ihn entsetzt und unter Tränen auf seine Veränderung anspricht. Aus rückblickender Perspektive kann sich Michael selbst nicht mehr erklären, wie er sich im Anschluss an sein oft kaltes, abweisendes Benehmen gut gefühlt haben soll. Er fragt sich, wie seine Kaltschnäuzigkeit und die gleichzeitige Empfindsamkeit angesichts „kleiner Gesten liebevoller Zuwendung" (S. 85) damals zugleich Bestandteile seines Charakters gewesen sein konnten.

Kapitel 2

Ein Wiedertreffen mit Hanna, das im Gerichtssaal stattfindet, nimmt der Erzähler vorweg, berichtet aber im Anschluss zunächst von dem zeitlich davor liegenden Dasein als Student der Rechtwissenschaft und Teilnehmer an einem „KZ-Seminar" (S. 88). In diesem sollte es um juristische Probleme gehen, die mit der zurückliegenden Nazi-Vergangenheit Deutschlands zusammenhängen. Die Grausamkeiten und Morde wurden in dieser Zeit vor dem Hintergrund eines sie legitimierenden Rechtssystems voll-

Verblassende, aber unbewältigte Erinnerung an Hanna

Auswirkungen auf Michaels Charakter – Gleichzeitigkeit von „Kaltschnäuzigkeit" und „Empfindsamkeit"

Michael als Student eines KZ-Seminars

zogen, sodass sich die Frage stellt, nach welchem Recht die Täter nun verurteilt werden können. Die Studenten nehmen an den Verhandlungen gegen damalige Täter teil und diskutieren die Ergebnisse in den wöchentlichen Seminarsitzungen. Den zuständigen Professor hat Michael als eine besondere Gestalt in Erinnerung. Dieser leitet das Seminar so, dass er die Studenten nicht nur fachlich belehren will, sondern ihnen die menschliche Dimension eröffnet, die den einzelnen Fällen zugrunde liegt. Damit macht er sich zwar zum Außenseiter unter seinesgleichen, wird aber für Michael ein wichtiges Vorbild.

Entgegen seiner sonstigen, selbst gewählten Distanz zur Welt zeigt Michael großes Interesse am Thema und hat als Angehöriger der zweiten Generation schnell das Gefühl einer starken Gruppenzugehörigkeit. Die jungen Menschen, deren Väter zur Generation der Täter oder zu denjenigen gehören, die zu den Verbrechen geschwiegen haben, sehen sich selbst als „Avantgarde der Aufarbeitung" (S. 87), also als eine Gruppe, die bei der öffentlichen Diskussion um die Schuldfrage eine Vorreiterrolle übernimmt. Mit einer gewissen Selbstüberhebung sehen sie sich berufen, das

Das Selbstbewusstsein der zweiten Generation – die „Avantgarde der Aufarbeitung"

Der Professor des KZ-Seminars – ein vorbildlicher Jurist, der bis zur Dimension des Menschlichen vordringt

Vergangene ans Licht zu bringen und dabei die ganze vorhergehende Generation zu Scham zu verurteilen. Dabei gehen sie so weit, gleich alle älteren Deutschen ungeachtet ihrer jeweiligen Rolle im damaligen System zumindest für die Duldung der Täter nach 1945 in der Gesellschaft zu verachten. Michael betont, damals aus Überzeugung gehandelt und sich in der Rolle des Anklägers wohlgefühlt zu haben. Dass er sich nun jedoch von dem Sendungsbewusstsein der zweiten Generation und ihrem Eifer distanziert, zeigt sich schon an seinem Sprachgebrauch. Durch verschiedene Ausrufe („Seht her!", S. 88) karikiert er seine damalige Haltung. Somit zeigt er auch Verständnis dafür, dass das Umfeld damals das Verhalten dieser Studenten irritierend und zum Teil abstoßend fand.

Kapitel 3

Die Studenten des Seminars brechen entsprechend ihrer Selbstgewissheit „in gehobener, beschwingter Stimmung" (S. 90) auf, um erstmals der Gerichtsverhandlung beizuwohnen. Sehr detailliert beschreibt Michael das Gebäude, wobei die verwendete Lichtsymbolik auf den Verlauf und Lichtsymbolik das Ergebnis der Verhandlung vorausdeutet. Die hohen Fenster sind aus Milchglas, welche zwar viel Licht ins Innere hineinlassen, zugleich aber den offenen, unverstellten Blick nach draußen verhindern. Ebenso wird sich zeigen, dass über die im Gebäude verhandelten Verbrechen nicht so geurteilt werden kann, wie es den Angeklagten eigentlich zustehen würde, weil in die Rechtsprechung Voreingenommenheiten mit einfließen und nicht alle Details, die zum Verhalten der Schuldigen beigetragen haben, aufgeklärt werden können.

Michael erkennt Hanna auf der Anklagebank erst, als sie Wiederbegeg-
nung mit Hanna
im Gericht namentlich aufgerufen wird, weil sie mit dem Rücken zu ihm sitzt. Ihre Körpersprache – sie steht auf beiden Beinen und lässt die Arme locker hängen – verrät ihr Bemühen um innere Festigkeit. Auffällig ist, dass Michael in dieser Situation ausgesprochen emotionslos reagiert. Wiederholend betont er, über sich selbst entsetzt, „[i]ch erkannte sie, aber ich fühlte nichts. Ich fühlte nichts." (S. 91) Bei der Schilderung der Vernehmung Hannas hat der Leser das Gefühl, direkt dabei zu sein. Überdies wird seine Wahrnehmung auf Hanna gelenkt, indem jeweils nur ihre Antworten in direkter oder indirekter Rede wiedergegeben werden. Auch an anderen Stellen wirkt der Prozessverlauf dadurch besonders anschaulich, dass der Erzähler sprachliche Mittel einsetzt, die dem Film angenähert sind und den Leser damit in die Lage eines Prozessbeobachters versetzen. Der Leser blickt wie durch eine Kamera in den Raum und verfolgt aus den Augen Michaels zunächst das Verhör Hannas und anschließend die Reaktionen aller Beteiligten auf der Zuschauerbank. Hierdurch entsteht Spannung und der Eindruck von Authentizität, die noch dadurch gesteigert werden, dass die Erzählzeit der erzählten Zeit entspricht.

Da der Leser einen Einblick in Michaels Gefühls- und Gedankenwelt hat, kann er vieles genauer einschätzen als die unbeteiligten Beobachter. Als Hanna zugibt, freiwillig zur SS[1] gegangen zu sein, obwohl ihr damals eine Stelle als Vorarbeiterin bei Siemens angeboten worden war, kann er deshalb später den wahren Grund hierfür rekonstruieren. Die Anwesenden können sich dieses Verhalten nur damit erklären, dass sie Hanna als eine überzeugte Nationalsozialistin wahrnehmen. Dieser schlechte Eindruck wird durch

Der Leser als Prozessbeobachter

---

[1] SS ist die Abkürzung für „Schutzstaffel", einem militärischen Verbund mit dem Zweck des persönlichen Schutzes Adolf Hitlers. Im Verlauf der zunehmenden Macht Hitlers und der NSDAP (Nationalsozialistische Deutsche Arbeiterpartei) übernahm die mit den Mitteln des Terrors agierende SS die Kontrolle über das Polizeiwesen und später auch über das Geschehen in den Konzentrations- bzw. Vernichtungslagern. Die SS agierte äußerst brutal und ist damit am millionenfachen Morden an Juden, aber auch an anderen Bevölkerungsgruppen schuldig. Heute wird sie als verbrecherische Organisation geächtet.

den „hastigen Eifer" (S. 92), durch den die Einsprüche von Hannas Verteidiger gekennzeichnet sind, eher noch verstärkt. Der Leser aber erkennt später, dass Hanna damals befürchtet hat, bei Siemens als Analphabetin erkannt und bloßgestellt zu werden. Hanna gibt zu, dass sie in Auschwitz und später in einem kleinen Lager bei Krakau als Aufseherin eingesetzt worden sei und nach dem Krieg „hier und dort gelebt" (S. 92) habe.

Hannas negativer Eindruck auf die Anwesenden – Verkennung der wahren Umstände

Auch Hannas häufiger Wohnortwechsel sowie die Tatsache, dass sie nicht auf die schriftlichen Vorladungen des Gerichts reagiert hat, werden ihr negativ ausgelegt, sodass sie bereits die Zeit der Verhandlung in Haft verbringen muss. Ihr defensives und hilfloses Verhalten lässt sie hier als besonders gefährlich erscheinen und beeinflusst die Außenwahrnehmung auf negative Weise. Michael reagiert erschrocken, als er sich selbst dabei ertappt, sie lieber hinter Gittern zu wissen, weil er sich eingestehen muss, dass dies mit seiner Angst vor einer neuerlichen Begegnung von Angesicht zu Angesicht mehr zu tun hat als mit seinem Gerechtigkeitsempfinden.

Michaels Furcht vor einer Wiederbegegnung mit Hanna

Kapitel 4

Michael verfolgt den Prozess mit brennendem Interesse bei gleichzeitiger Gefühlskälte. Während der ganzen Zeit studiert er Hannas Körperhaltung sehr genau. Anders als die anderen angeklagten Frauen tritt Hanna nicht in Kontakt zu ihrer Umwelt, sondern isoliert sich und sitzt still „wie gefroren" (S. 96) auf der Anklagebank, was auf die Beobachtenden wiederum den negativen Eindruck hinterlässt, sie sei hochmütig. Michael jedoch kann in ihren Gesten erkennen, dass sie sehr angespannt ist, dabei aber außerstande, auf die Anklagepunkte sachangemessen zu reagieren. Angesichts ihres manchmal freien Nackens erinnert sich Michael an Szenen aus ihrer damaligen Beziehung, aber er tut dies ohne jegliche innere Beteiligung.

Hannas Isolation und Kommunikationsunfähigkeit während der Verhandlung

Die Betäubung
von Gefühlen
durch die
Schrecklichkeiten
der NS-Vergan-
genheit

Ein Gefühl des Betäubtseins hat auch außerhalb des Gerichtssaales von ihm Besitz ergriffen, sodass er lediglich funktioniert, ohne aber bei den Dingen, die er tut, mitzufühlen. Er glaubt, Ähnliches auch bei den anderen Anwesenden und Beteiligten des KZ-Prozesses beobachten zu können. Dabei differenziert er zwischen jenen, die die ganze Zeit dabei sind, und den Studenten, die der Verhandlung nur ein Mal wöchentlich beiwohnen. Für diese bedeutet das punktuelle Beobachten den „Einbruch des Schrecklichen in den Alltag" (S. 98), der sich immer wieder neu vollzieht, wenn sie die Berichte der Zeugen über die schrecklichen Ereignisse hören. Jene aber, die freiwillig oder unfreiwillig die gesamte Zeit dabei sind, gewöhnen sich ein Stück weit an das Gehörte und reagieren entsprechend nicht immer neu mit Entsetzen, sondern auch manchmal mit scheinbar unangemessenen, andererseits aber auch normalen Gefühlen wie etwa Langeweile.

Vergleich der
Gefühlslage von
Opfern und
Tätern

Michael, der keinen Verhandlungstag verpasst, reagiert auf die Verstörung der anderen Studenten mit Distanz und vergleicht sich dabei mit einem KZ-Häftling, welcher das Entsetzen der Neuankömmlinge gleichmütig hinnimmt, weil ihn das Gefühl der Betäubung ergriffen hat. Er weiß davon durch die Lektüre autobiografischer Texte Überlebender, welche übereinstimmend davon berichten, dass irgendwann „das Verhalten teilnahms- und rücksichtslos und Vergasung und Verbrennung alltäglich wurden" (S. 98). Michael stellt die Behauptung auf, dass dies gleichermaßen für die Opfer als auch für die Täter gilt.

Problematisie-
rung des
Täter-Opfer-
Vergleichs

Die Problematik eines solchen Gleichsetzens wird vom Erzähler sodann reflektierend erörtert. Obgleich ihm nicht wohl dabei ist, „Täter, Opfer, Tote, Lebende, Überlebende und Nachlebende" (S. 99) miteinander hinsichtlich ihrer Gefühlsbetäubung zu vergleichen, tut er es dennoch. Er glaubt nämlich, sonst keinerlei Mittel zur Verfügung zu haben, mit den furchtbaren Informationen umzugehen. Das Vergleichen ist für ihn der Versuch, das eigentlich Unvorstellbare konkret fassbar zu machen, sich damit in Beziehung zu setzen und die eigenen Gedanken dazu artikulieren zu können. Um über Auschwitz reden zu können, kann er aber nur auf den Horizont der eigenen Erfahrung zurückgreifen und von hier aus auf die innere Welt der Opfer und Täter schließen. Dass dies unzureichend ist, empfindet er zwar selbst, weigert sich aber, stattdessen zu schweigen. Vehement betont er gleich drei Mal, dass er als Angehöriger der zweiten Generation nicht damit einverstanden ist, „in Entsetzen, Scham und Schuld [zu] verstummen" (S. 100). Er reagiert damit auf seinerzeit öffentlich diskutierte Forderungen über einen angemessenen Umgang mit Auschwitz. Der Leser muss hier hinzufügen, dass der Autor Bernhard Schlink mit seiner Erzählung einem solchen Verstummen entgegenschreibt und dabei den Versuch macht, die Perspektive der Täter und der nachfolgenden Generation in den Blick zu nehmen.

Kapitel 5

In der zweiten Woche des Prozesses wird die Anklage gegen Hanna und die anderen Aufseherinnen verlesen. Dass es überhaupt dazu gekommen ist, liegt an der Aussage zweier Überlebender, einer Mutter und ihrer Tochter. Beide waren damals Lagerinsassinnen und haben als Einzige überlebt. Die jüngere Frau hat über ihre Vergangenheit ein Buch geschrieben, durch das die Ereignisse ans Licht der Öffentlichkeit gekommen sind und nun strafrechtlich aufgearbeitet werden sollen.

Zwei Jüdinnen als wichtigste Zeuginnen der Anklage

Die Hauptanklagepunkte lauten auf Durchführung von Selektionen (Aussonderungen) im Lager und gelten darüber hinaus dem Verhalten der Angeklagten in einer Bombennacht. Hanna und den anderen Frauen wird vorgeworfen, an den Selektionen teilgenommen und damit Schuld für den Tod der Ausgesonderten auf sich geladen zu haben. Weiter hätten sie gegen Ende des Krieges, als das Lager be-

Die Anklage – vielfacher Mord

reits nicht mehr existierte, die noch Lebenden auf den sogenannten Todesmärschen grausam behandelt und damit den
Tod vieler Beteiligter verursacht. Mit den übrig gebliebenen
Inhaftierten sind sie anschließend in ein Dorf gelangt und
haben die Frauen in die dortige Kirche gesperrt. Als Bomben
fielen und die Kirche in Brand setzten, hätten sie sie nicht
geöffnet und beinahe alle Frauen seien verbrannt. Nur die
beiden Zeuginnen haben überlebt, weil sie auf die Empore
geklettert sind, um den Schreien der Frauen zu entfliehen.

Kapitel 6

Hannas Verhalten vor Gericht ist taktisch ungeschickt und
schadet ihr sehr. Dem Leser wird erst sehr viel später klar,
dass sich dahinter nicht eine besondere Gefährlichkeit oder
Arroganz, sondern ihr verheimlichter Analphabetismus verbirgt. Schon die Vorbereitungen auf den Prozess setzen die
Kenntnis der Schriftsprachlichkeit voraus. Weil Hanna nicht
darüber verfügt, hat sie weder das autobiografische Buch
der Tochter noch das Protokoll ihrer eigenen richterlichen
Vernehmung lesen können. Unterschrieben hat sie dieses
trotzdem und daher den Anschein erweckt, den Aussagen
zuzustimmen.

Nun jedoch widerspricht sie der belastenden Aussage, sie
habe einen Schlüssel zur Kirche gehabt. Vor Gericht entsteht der Eindruck, sie wolle mit diesem Verhalten provo-
zieren. Verstärkt wird dies noch durch ihre Wortwahl, die
zwar ihrer mangelnden Bildung geschuldet ist, aber wirkt,
als suche sie die Konfrontation. Ihre Frage, warum man ihr
etwas „anhängen wolle" (S. 105), bestätigt Michaels Eindruck, sie habe „kein Gefühl für den Kontext, für die Regeln, nach denen gespielt wurde, für die Formeln, nach
denen sich ihre Äußerungen und die der anderen zu Schuld
und Unschuld, Verurteilung und Freispruch verrechneten"
(S. 105). Michaels Äußerungen verraten bereits zu diesem
frühen Zeitpunkt seine unterschwellige Kritik an der Justiz

Hannas taktisch
unkluges
Verhalten, die
Auswirkungen
und die wahre
Ursache

Unterschwellige
Kritik am
Rechtssystem

und seinen Zweifel am Verfahren, in dem nicht unbedingt die Wahrheit zutage tritt, sondern derjenige profitiert, der zum Taktieren in der Lage ist.

Auch im laufenden Verhör agiert Hanna zu ihrem eigenen Nachteil, weil sie zu ehrlich auf die ihr gestellten Fragen antwortet und gleichzeitig beharrlich widerspricht, wo ihr eine Aussage falsch erscheint. Ihr mangelndes Reflexionsvermögen erlaubt es ihr nicht, situationsangemessen zu reagieren und dabei auf die wachsende Verstimmung des Vorsitzenden Richters einzugehen und ihr klug entgegenzuwirken. An einer Stelle stellt sie ihn sogar bloß, ohne dies beabsichtigt zu haben. Als der Richter das Gespräch auf die Selektionen lenkt und dabei Sarkasmus verwendet („‚Sie haben also, weil Sie Platz schaffen wollten, gesagt: Du und du und du mußt zurückgeschickt und umgebracht werden?'", S. 106), reagiert sie mit einer Gegenfrage, weil sie nichts über das angemessene Rollenverhalten vor Gericht weiß und somit nicht einschätzen kann, dass ihr dies als Angeklagte nicht zusteht. Dadurch, dass sie ihn völlig ernst fragt, was er denn gemacht hätte, vertauscht sie die festgelegten Rollen und verlangt nun von ihm eine adäquate Antwort. Aber nicht nur der Richter, sondern auch der Leser wird hier aufgefordert, sich über seine eigene moralische Standfestigkeit selbst zu befragen und sich zu vergewissern, ob er damals „Nein" gesagt hätte. Nach einer Bedenkzeit betont der Richter, es gebe Dinge, die man nicht machen dürfe und von denen man sich absetzen müsse. Michael empfindet mit den übrigen Prozessbeobachtern diese Antwort als ausweichend und floskelhaft und ist enttäuscht. Deshalb wertet er diese Episode als „eine Art von Erfolg" (S. 106), den Hanna allerdings gar nicht als solchen wahrnimmt, weil sie es nicht auf eine Konfrontation angelegt hat. So macht sie nun erst recht einen verwirrten Eindruck und bringt auf diesem Weg ihre fehlende Einsicht in das Ausmaß ihrer Taten zum Ausdruck.

Hannas ernste Frage – Herausforderung zur Selbstbefragung

Kapitel 7

Die Strategie der anderen Angeklagten – Darstellung Hannas als Anführerin

Mit ihrer Ehrlichkeit vor Gericht schadet Hanna auch den anderen Angeklagten und verärgert sie damit. Weil sie ihr damaliges Tun oder Lassen zugibt, ist die Schuld trotz der schwachen Beweislage ersichtlich, und so ersinnen sie eine andere Strategie, um sich zu entlasten. In ihren Aussagen stellen sie die damaligen Ereignisse so dar, dass es wirkt, als sei Hanna die Anführerin gewesen, die über mehr Macht und Wissen verfügt habe als sie selbst und unter deren Befehl sie gestanden hätten.

Die „Vorleserinnen" Hannas im Lager

In den Verhören kommt die Sprache schließlich auf eine seltsame Verhaltensweise Hannas, die sich tatsächlich von der der anderen unterscheidet: Sie habe unter den inhaftierten Frauen „Lieblinge" (S. 112) gehabt, schwache und zarte Mädchen, die sie besser versorgt und behandelt und dann abends in ihr Lager bestellt habe. Der durch das aggressive Sprechverhalten der Angeklagten aufkommende Verdacht, sie habe diese dann sexuell benutzt, wird von der jüngeren Zeugin (der Tochter) entkräftet. Während die Angeklagte bereits durch die Beschreibung ihres äußerlichen Erscheinungsbildes – sie ist eine „derbe Frau, nicht ohne gluckenhafte Behäbigkeit und zugleich mit gehässigem Mundwerk" (S. 111) – in ihrer Glaubwürdigkeit herabgesetzt wird, so wirkt die Tochter in ihrem Verhalten ernst und authentisch. Sie weiß von einem Mädchen, dass Hanna dieses zum Vorlesen zu sich bestellt habe. Weiter sagt sie aus, dass Hanna die vorlesenden Mädchen anschließend nicht vor den Selektionen geschützt und sie somit dem Tod preisgegeben habe.

Hannas Blick zu Michael – Wunsch danach, als Person erkannt zu sein?

In diesem Moment sieht Hanna zu Michael herüber, ohne dass dieser in ihrem Blick eine bestimmte Absicht erkennen kann. Dennoch weiß er nun, dass Hanna die ganze Zeit über von seiner Anwesenheit Kenntnis hatte. Nun, da es um das Vorlesen geht, das beide verbindet, stellt Hanna den Blickkontakt her, der von einer großen Offenheit geprägt ist. Der Leser kann vermuten, dass in dieser Geste Hannas Wunsch verborgen liegt, hinter aller Verstellung und trotz der von ihr begangenen Verbrechen von Michael als die Person erkannt zu werden, die sie ist. Michael hofft inständig, dass sie sich nun verteidigen möge, etwa, indem sie ihre guten Absichten betont, den ohnehin geschwächten und dem Tod geweihten Mädchen ihren letzten Monat zu erleichtern. Hanna aber tut nichts dergleichen und verstärkt damit den schlechten Eindruck, den alle Anwesenden von ihr nun gewonnen haben.

Kapitel 8

Michael hat das Buch der jüngeren Überlebenden in der englischen Originalversion gelesen und berichtet über dessen Inhalt. Für den Leser bedeutet dies, dass er nun Näheres über das Geschehen aus Sicht der Opfer erfährt. Michael merkt zum Stil des Buches an, dass es nicht zur Identifikation einlade oder die Protagonistinnen sympathisch zeichne, weil es die gleichermaßen für Opfer und Täter typische Betäubung „atme[…]" (S. 114). Es sei mehr ein Registrieren und Analysieren der Tatsachen. Michael sucht nach Spuren von Hanna im Buch, findet aber nur eine schöne Aufseherin von „gewissenloser Gewissenhaftigkeit" (S. 115) und ist unsicher, ob es sich dabei um sie handelt. Dieses Oxymoron ist ein sprachliches Signal, das auf die barbarischen Zeitumstände verweist, in welchen das Morden als eine Art Pflichterfüllung zu höheren Zwecken betrachtet wurde. Die Tochter beschreibt in ihrem Buch auch ihre Erfahrungen mit einer anderen Aufseherin, die „Stute" genannt wird und bei der es sich wahrscheinlich um Hermine Braunsteiner handelt. Michael erinnert sich an seinen einstigen Vergleich Hannas mit einem Pferd und fragt sich, ob Hanna auch von ihr Kenntnis hatte und deshalb so entsetzt gewesen ist.

In dem autobiografischen Buch erfährt Michael von den Lebensumständen in Auschwitz und im Lager bei Krakau

Das Buch der Tochter – die Perspektive der Opfer auf das Geschehen

Grausamkeiten während der Todesmärsche

sowie auf den sogenannten Todesmärschen[1]. Im Vergleich zu Auschwitz betrachtet die Tochter das kleinere Lager bei Krakau als einen Fortschritt, weil weniger Frauen selektiert worden seien und bessere Versorgungsbedingungen geherrscht hätten. Mit dem Todesmarsch, den die Autorin mithilfe einer Klimax auch als „Todestrab, Todesgalopp" (S. 116) bezeichnet, habe jedoch wieder das Elend begonnen, weil die unterernährten und nur mit Lappen an den Füßen bekleideten Frauen die Hetze in Schnee und Eis kaum hätten überstehen können.

Die Bombennacht und der Brand in der Kirche

Weiter liest er in ihrem Buch: In einem Dorf, welches der Zug passiert habe, hätten die Aufseherinnen die Frauen in eine Kirche gesperrt, wo diese erschöpft eingeschlafen und erst durch die herabfallenden Bomben geweckt worden seien. Als sie realisierten, dass die Kirche lichterloh gebrannt habe und ihnen nicht aufgeschlossen werde, sei es zu spät gewesen, gemeinsam überlegt zu handeln. So seien bis auf die Mutter und die Tochter alle Frauen in jener Nacht umgekommen. Beide hätten sich retten können, weil sie auf die Empore geklettert seien, um sich nicht inmitten der weinenden und schreienden Frauen aufhalten zu müssen.

Kapitel 9

Die Verhandlung der Bombennacht im Prozess

Im Prozess geht es nun um die zuvor beschriebene Bombennacht. Alle angeklagten Frauen werden gefragt, warum sie die Kirche nicht aufgeschlossen hätten, und versuchen durchgängig, ihre Schuld am Tod der Frauen zu leugnen. Allerdings gibt es einen von ihnen damals zu anderen Zwecken selbst verfassten Bericht, durch welchen ihre Aus-

---

[1] Mit dem Begriff „Todesmarsch" wird eine Evakuierungsmaßnahme der Konzentrationslager bezeichnet, welche im Angesicht des bevorstehenden Endes des Krieges und der Ankunft der feindlichen Truppen angeordnet wurde. Der Zug der Inhaftierten wurde geleitet von den Wachmannschaften, die ihre Opfer willkürlich töteten oder durch Kälte, Unterversorgung oder Brutalität ihren Tod hinnahmen.

sagen, sie seien verwundet oder fern vom Tatort gewesen, unglaubwürdig wirken. Als die Angeklagten bemerken, dass ihre Beschönigungsversuche, mit denen sie betonen, „was sie in der Nacht gemacht, geleistet und gelitten" (S. 120) hätten, angesichts des belastenden Berichts nichts fruchten, wirft eine von ihnen Hanna vor, sie habe den Bericht damals geschrieben und dabei die Sachlage falsch dargestellt.

Wie bereits zuvor leugnet und lügt Hanna nicht, sondern versucht stattdessen, sich zu erklären. Sie spricht von ihrer Hilflosigkeit in der damaligen Situation, die dadurch verstärkt wurde, dass die in der Lagerhierarchie höheren Befehlshaber geflüchtet waren und nur eine kleine Gruppe von Aufseherinnen zurückgelassen hatten. Bei ihrer Argumentation beruft sie sich auf die Sach- und Organisationszwänge, die sie damals in ihrem Handeln geleitet haben. Dem Leser wird klar, dass sich Hanna von ihrer Rolle als Aufseherin und dem Befehl, die Frauen zu bewachen und ihre Flucht zu verhindern, auch angesichts des unmittelbar bevorstehenden Kriegsendes nicht lösen konnte. Sie betont, dass sie die Türen nicht aufgeschlossen habe, um die „Ordnung" (S. 122) nicht zu gefährden. Bis zu einer ethischen Reflexion ihres Handelns dringt Hanna auch jetzt im Prozess nicht vor und verstärkt damit den ohnehin negativen Eindruck, den alle von ihr inzwischen gewonnen haben.

Hannas Argumentation – Beschränkung auf Sach- und Organisationszwänge

Gegen die Aussage der anderen Angeklagten, den Bericht allein verfasst zu haben, wehrt sich Hanna zunächst und betont, dass sie alle gemeinsam überlegt hätten. Als jedoch eine Schriftprobe verlangt wird, reagiert sie alarmiert und stimmt dem Vorwurf zu, von dem der Leser bald wissen wird, dass er unwahr ist.

Hanna gibt zu, den Bericht verfasst zu haben

Kapitel 10

Die Wochenenden, an denen nicht prozessiert wird, verbringt Michael gern spazieren gehend in der nahe gelegenen Natur. Er glaubt, bei jedem neuerlichen Spaziergang

Michaels Entdeckung – Hanna ist Analphabetin

mehr von der bekannten Umgebung wahrzunehmen. Dies trifft auch auf seine Sichtweise auf Hanna zu, deren Geheimnis sich ihm plötzlich beim Spazierengehen enthüllt. Er weiß jetzt, dass sie Analphabetin ist.

Nachträgliches
Verständnis für
Hannas Verhal-
tensweisen

Diese Erkenntnis verändert sein Verständnis für ihr zurückliegendes Verhalten elementar. Seine neue Sichtweise formuliert er in einer langen Passage mit ähnlich konstruierten Sätzen, die alle mit der Anapher „deswegen" (S. 126 f.) beginnen. Diese Sätze wirken wie ein inneres Verhör mit Hanna und dienen dazu, sich Klarheit zu verschaffen. Allerdings muss sich Michael die Antworten selbst geben. Zunächst haben sie die Form von Aussagesätzen, was darauf hinweist, dass sich Michael hierin ganz sicher ist („Deswegen hatte sie sich der Beförderung bei der Straßenbahn entzogen", S. 127). So erkennt er, dass sie sich hat vorlesen lassen und auf der gemeinsamen Fahrradtour außer sich gewesen ist, als sie nur Michaels Zettel vorgefunden hat, weil sie nicht lesen und nicht schreiben kann. Diese zentrale Schwäche wollte und will sie verbergen. Im Nachhinein äußert er sein Verständnis für ihr damaliges „ausweichendes, abwehrendes, verbergendes und verstellendes, auch verletzendes Verhalten" (S. 127). Darüber hinaus weiß er nun, dass sie die Chancen, die sich ihr in beruflicher Hinsicht geboten haben, aus Angst vor Bloßstellung nicht wahrgenommen hat und aus demselben Grund fälschlich zugegeben hat, den Bericht geschrieben zu haben.

Relativierung
der Schuld durch
das Wissen über
Hannas Schwäche

Die weiteren Thesen über Hannas Charakter und seine Prägung durch den Analphabetismus werden im Folgenden spekulativer. Sprachlich äußert sich Michaels Unsicherheit durch Fragesätze. So fragt er sich beispielsweise, ob Hanna sich ihre Schützlinge im Lager danach ausgewählt habe, dass sie schwach sind, weil sie gewusst habe, dass diese sehr bald sterben würden und sie somit nicht als Analphabetin hätten bloßstellen können. Dies würde bedeuten, dass Hannas Verbrechen in einem sehr engen Zusammenhang mit ihrer Schwäche, dem Analphabetismus, gesehen werden müssten. Die Konsequenz für Michaels Urteil über Hanna ist die, dass er die Schwere ihrer Schuld relativiert und im Analphabetismus die Ursache dafür sieht, dass sie „in die Tätigkeit als Aufseherin hineingeraten" (S. 128) sei. Er mutmaßt nun, dass ihr Leben ein einziger Kampf gegen die Entdeckung gewesen sei, der sie nun, da die Anstrengungen des Prozesses hinzukämen, völlig erschöpfen müsse.

Michael erkennt nun auch, dass Hanna damals die Stadt nicht seinetwegen verlassen hat, sondern ebenfalls aus Angst vor Bloßstellung. Dies ändert jedoch nichts an seinem Schuldgefühl, das nur noch neue Nahrung dadurch bekommt, eine Verbrecherin geliebt zu haben.

Michaels Schuld – Liebe zu einer Verbrecherin

Hannas Lebenslüge - der Analphabetismus

Leben unter den Vorzeichen des verheimlichten Analphabetismus:

- häufiger Wechsel des Wohnortes
- Hilflosigkeit in allen schriftsprachlichen Angelegenheiten (von der Bestellung des Essens im Restaurant bis zur Vorbereitung auf den Prozess), Angewiesenheit auf andere (ihre „Vorleser")
- Kommunikationsschwierigkeiten
- starke berufliche Beeinträchtigungen
- soziale Isolation und grundsätzliches Misstrauen anderen gegenüber
- niedriges Bildungs- und Reflexionsniveau
  - > begrenzte Teilhabe am kulturellen Leben
  - > keine ausreichende Einsicht in das Ausmaß der eigenen Schuld
  - > vor Gericht kein Gespür für die Kommunikationssituation und die damit verbundenen Rollenerwartungen
- „Sprachlosigkeit" bzw. eingeschränkte sprachliche Fähigkeiten
  - > keine Möglichkeit, sprachlich situationsangemessen zu agieren
  - > direktes, unmittelbares Aussprechen von Affekten und Gedanken

---

Kapitel 11

Der weitere Gang der offiziellen Verhandlung im Prozess steht in großer Diskrepanz zu Michaels neuer Sicht auf Hanna. Während er nun relativierend denkt, dass „sie schuldig, aber nicht so schuldig war, wie es den Anschein hatte" (S. 132), wird ihre Schuld durch die Falschaussagen

Diskrepanz zwischen Schein (Hanna als „Führerin") und Sein (Hanna als Analphabetin)

der übrigen Angeklagten in immer größeren Dimensionen dargestellt. Um sich selbst zu entlasten, beschuldigen sie Hanna, sie habe sie zu ihrem Tun genötigt und in allem „Feder und Wort geführt" (S. 130), wobei die Verwendung dieser Metapher den Gegensatz zwischen der Realität, ihrem Analphabetismus, und dem Schein besonders offenkundig zum Ausdruck bringt.

Hannas Selbstaufgabe und Michaels Prozesskritik

Hanna reagiert auf die Falschaussagen zunächst mit fortgesetztem Kampf, gibt es jedoch zu einem bestimmten Zeitpunkt auf, Gerechtigkeit zu verlangen. Sichtbar wird dieses durch ihre eingeschränkte Redebereitschaft, ihre Fahrigkeit und ihre Körperhaltung. Michael hat den Eindruck, auch das Gericht wolle „die Sache endlich hinter sich bringen, sei schon nicht mehr bei der Sache" (S. 131), und formuliert damit abermals eine deutliche Prozesskritik.

Michaels ethisch-moralisches Dilemma

Da er nun die Wahrheit kennt und sich fragen muss, ob er sie öffentlich macht, fühlt sich Michael nicht mehr nur als Beobachter, sondern als Mitspieler. Er allein könnte dem Gericht nun glaubhaft machen, welche Ursachen Hannas Verhalten hat, und sie somit entlasten. Er würde damit aber dem Willen Hannas zuwiderhandeln und ihre Selbstdarstellung zerstören. Sein ethisch-moralisches Dilemma beschäftigt ihn so sehr, dass er für seine Situation analoge Beispiele sucht und diese mit seinen Freunden und Vertrauten diskutiert.

Kapitel 12

Michaels distanziertes Verhältnis zu seinem Vater

Michael sucht seinen Vater auf, von dem er sich angesichts seines Berufes als Professor der Philosophie eine Antwort auf sein Dilemma erhofft. Bevor es zu einer Begegnung kommt, erzählt er zunächst von seinen Kindheitserlebnissen mit ihm, um deutlich zu machen, was ihre Beziehung prägt. Michael hat seinen Vater immer als einen emotional distanzierten und weitgehend in seiner Arbeit lebenden Menschen gesehen. Um ein Gespräch zu führen, habe er

damals Termine machen müssen und sei vom Vater herein-
gebeten worden. Michael beschreibt die beiden Arbeitszimmer, die von einer starken Symbolik geprägt sind und
auf die besondere Art des Vaters und auf seine Tätigkeit
verweisen. So haben die Fenster auf ihn gewirkt, als seien
sie Bilder in einem „Gehäuse" (S. 135), und nicht, als wei-
teten sie den Blick nach draußen. Metaphorisch wird hiermit eine Weltferne ausgedrückt, wie sie der Philosophie,
wie Michael sie sieht, eigen ist. Diese Weltferne gilt auch
für die Figur des Vaters.

Michael erläutert seinem Vater sein Problem auf einer abstrakten Ebene, ohne ihm sein persönliches Interesse daran
zu schildern. Typisch für seinen Vater ist, dass dieser zwar
ahnt, dass die innere Bedrängnis Michaels mit dem Prozess
zu tun hat, aber keinerlei Anstrengungen unternimmt, um
das Gespräch auf diese persönliche Ebene zu lenken. Seine
gut überlegte Antwort entspricht einer philosophischen Be- **Die Antwort des**
lehrung über grundsätzliche Probleme der Ethik. Der Vater **Vaters – Achtung**
nimmt Bezug auf die Begriffe menschliche Würde und Frei- **der (Entschei-**
heit, um Michael deutlich zu machen, dass er einen erwach- **dungs-)Freiheit**
senen Menschen nicht bevormunden und hierdurch zum **jedes Menschen**
Objekt degradieren dürfe. Der Sohn reagiert erleichtert, weil
er sich nun nicht mehr in der Pflicht sieht, einzugreifen.

Der Vater allerdings setzt noch hinzu, man müsse, um ver- **Michaels**
antwortlich zu handeln, versuchen, der betreffenden Person **Unvermögen, mit**
im Gespräch die Augen zu öffnen, statt hinter ihrem Rücken **Hanna zu**
zu agieren. Michael aber kann sich weder vorstellen, was er **sprechen**
Hanna sagen, noch wie er ihr gegenübertreten könnte. Der
Vater spürt, dass er Michael nicht helfen konnte. So endet
das Gespräch in Schweigen und beiderseitiger Verlegenheit.

Kapitel 13

Das Gericht fliegt zur Vernehmung nach Israel, wobei
gleichzeitig juristische und touristische Zwecke verfolgt
werden. Die bei der Planung aufkommende „Reisefreude"

(S. 98) der Justizbeamten bildet dabei einen starken Kontrast zu den barbarischen Gräueltaten, die inhaltlich verhandelt werden. Michael reagiert befremdet und empfindet die Gleichzeitigkeit von Schrecknissen und Normalität als bizarr. Obwohl er sich in dieser Verhandlungspause eigentlich auf sein Studium konzentrieren will, ergreifen innere Bilder von ihm Besitz, die im Laufe des Prozesses entstanden sind.

Michaels Fantasien von Hanna als grausamer Aufseherin

Er fantasiert Hanna als grausame Aufseherin, die mit einer Reitpeitsche ausgestattet ist und deren verhärtete Gesichtszüge ihre Gefühlskälte aufzeigen. Nachdem sie ihr vorgelesen haben, schickt sie die Häftlinge in den Tod nach Auschwitz. Die Bilder überlagern sich mit jenen aus seiner realen Erinnerung an Hanna. So entstehen Träume von der grausamen Hanna, die ihn sexuell erregt. Michael schämt sich dafür und ist sich seiner selbst nicht mehr gewiss.

Die Entstehung innerer Bilder über das KZ – Wirklichkeit und Fiktion

Es folgt eine allgemeine Reflexion über den damaligen und gegenwärtigen Umgang mit Bildern aus der KZ-Wirklichkeit. Während es damals nur wenig Anschauungsmaterial gab, das so oft gezeigt wurde, dass es zum Klischee erstarrte, so erlebt Michael den heutigen Umgang mit dem „Holocaust" als stark durch die Fiktionalisierung des Themas in Literatur und Film geprägt. Diese ergänzen die Vorstellungswelten der Rezipienten und schmücken sie aus.

Kapitel 14

Michaels Versuch, das damalige Geschehen zu verstehen

Weil er die klischeehaften Bilder aus seiner Fantasie vertreiben und sie durch wirkliche Bilder ersetzen will, macht sich Michael auf den Weg zu dem nächstgelegenen Konzentrationslager Struthof. Beim Trampen nimmt ihn ein Mercedesfahrer mit, der ein auffälliges Brandmal an seiner Schläfe hat. Als das Gespräch auf Michaels Ziel und den Zweck seiner Reise zu sprechen kommt, wird der Fahrer zunächst still, reagiert dann aber mit der ironischen Nachfrage, ob er hierdurch zu verstehen suche, „warum Menschen so furchtbare Sachen machen können" (S. 145). In einer Art

Monolog widerlegt er die landläufige Meinung, dass Morde nur aus starken Affekten, niederen Motiven wie etwa Rachsucht oder Gier oder starken Gefühlen wie Leidenschaft heraus stattfinden.

Stattdessen behauptet er mit Blick auf die Tätigkeit eines Henkers, dass diesem seine Opfer völlig gleichgültig seien. Er habe eine Fotografie von Massenerschießungen von Juden in Russland gesehen, denen einer der Offiziere in offensichtlich gelangweilter Pose beigewohnt habe. Dessen Gefühlslage sei den Opfern gegenüber von Gleichgültigkeit geprägt gewesen. Ein solcher Mensch töte nicht aus Hass, sondern weil dies seinem „Tagwerk" (S. 147) entspreche. Michael mutmaßt, er sei selbst der Mann auf dem Foto gewesen und entspreche somit dem typischen nationalsozialistischen Täterprofil. Der Mann bestätigt oder widerlegt dies nicht, sondern wirft Michael aus seinem Auto. Aber die Tatsache, dass sein Mal auf der Schläfe leuchtet (vgl. S. 147), kann so gedeutet werden, dass er hierdurch als ein Nachfolger Kains[1] und somit als Mörder angesehen werden kann.

Der Fahrer als typischer NS-Täter und Nachfolger Kains

Mit dem unbekannten Fahrer begegnet Michael und dem Leser ein potenzieller NS-Täter, der die zuvor vom Vater philosophisch begründeten Begriffe von Menschenwürde oder Ehrfurcht vor dem Leben radikal infrage stellt. In der erschreckenden Durchschnittlichkeit seines Typus entspricht er der These Hannah Arendts von der „Banalität des Bösen"[2]. Die jüdische Philosophin und Beobachterin des Prozesses gegen den NS-Kriegsverbrecher Eichmann hatte

Der Fahrer bestätigt die „Banalität des Bösen"

---

[1] Die biblische Geschichte (Gen 4,1–16) von dem Geschwisterpaar Kain und Abel handelt von einem Brudermord. Dabei erschlägt der ältere Bruder, Kain, den jüngeren Bruder, Abel, aus Neid und wird dafür von Gott bestraft und mit einem Mal gezeichnet. Er ist dazu verdammt, ruhelos auf der Erde zu wandeln, und sein „Kainsmal" zeichnet ihn als Mörder aus, schützt ihn aber auch vor Übergriffen Fremder.

[2] Vgl. hierzu: Arendt, Hannah: Eichmann in Jerusalem. Ein Bericht von der Banalität des Bösen. Aus dem Amerikanischen von Brigitte Granzow. Mit einem einleitenden Essay von Hans Mommsen. München [4]2009.

in ihrer Dokumentation ihrer Erschütterung darüber Ausdruck verliehen, dass der Hauptschuldige an dem millionenfachen Mord sich als ein beflissener, pflichtbewusster
Beamter darstellte, offenkundig keinerlei moralische Konflikte angesichts seiner damaligen Tätigkeit durchlitt und
somit als ein unspektakulärer Jedermann auf das Gericht
wirkte. Dass Bernhard Schlink eine Parallele zwischen den
Gedanken Hannah Arendts und seiner Täterinnenfigur her-
stellt, zeigt sich auch darin, dass Hanna später im Gefängnis im Zuge ihrer Auseinandersetzung mit ihrer Vergangenheit das Werk Arendts über Eichmann lesen wird.

Der Massenmörder Adolf Eichmann und seine Wirkung als ein
dienstbeflissener Jedermann

Kapitel 15

Zweiter Besuch
des Konzentra-
tionslagers
– vergeblicher
Versuch, das
Grauen zu
vergegen-
wärtigen

Das Konzentrationslager Struthof hat Michael später noch
einmal besucht und erzählt nun von diesem zweiten Versuch, hierdurch eine Anschauung des damaligen Leidens
zu gewinnen. Aber bereits die Symbolik des Wetters – es
hat geschneit, sodass alles von einer weißen Schicht zuge-
deckt ist – verweist auf die Vergeblichkeit dieses Vorhabens.
Michaels Unvermögen, das Grauen dieses Ortes zu spüren,

sowie sein Hang zur Verharmlosung werden besonders anschaulich durch seine Assoziation des schneebedeckten
Hügels mit einem „Rodelhang" (S. 148), auf dem Kinder
spielen und anschließend zu Kuchen und heißer Schokola-
de in die Baracken hineingerufen werden. Weil es ihm nicht
gelingt, trotz seines angelesenen Wissens und der Betrachtung des Geländes eine konkrete Vorstellung zu gewinnen,
fühlt er sich so beschämt, als habe er versagt. Er ertappt
sich sogar selbst dabei, sich eine gewisse Scheu einzureden
aus der rationalen Überlegung heraus, „wie man sich nach
dem Besuch eines Konzentrationslagers zu fühlen habe"
(S. 150). Hieran wird sehr anschaulich die Situation von
Angehörigen der zweiten Generation geschildert, die in die
Verbrechen nicht persönlich involviert sind, sich aber dennoch so nahe daran befinden, dass von ihnen Betroffenheit
erwartet wird.

Anschließend holt es der Erzähler nach, von seinem ersten
Besuch in Struthof zu berichten. Damals sei er so lange auf
dem Gelände herumgelaufen, bis es geschlossen habe, und
er habe sogar von einer erhöhten Perspektive versucht, es
zu überblicken. Weil es spät gewesen sei, habe er nur noch
bis zum nächsten Dorf mitgenommen werden können und

Erster Besuch in
Struthof – Zweifel
an der Richtigkeit
polarer Urteils-
kategorien
(Gut - Böse,
Opfer - Täter)

KZ Struthof

er sei dort in einem Restaurant abgestiegen. Er erinnert sich nun an ein verstörendes Erlebnis. Vier Männer hätten lärmend an einem Tisch gesessen und einem später eingetroffenen, alten, kleinen Mann mit einem Holzbein Zigarettenkippen in den Nacken geworfen. Michael habe seiner Empörung Luft gemacht und dem Ganzen Einhalt gebieten wollen. Der alte Mann sei jedoch, statt sich bei ihm zu bedanken, auf die Männer auf einem Bein zugehüpft, habe mit dem Holzbein auf den Tisch geschlagen und Michaels Stimme spottend imitiert. Die skurril erscheinende Episode verweist auf die ethische Schwierigkeit, eindeutig die Pole von Gut und Böse, Opfer und Täter, Sein und Schein zu unterscheiden, und wirft damit auch ein Licht auf das juristische Problem, klar und gerecht zu urteilen.

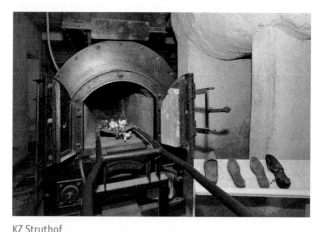

KZ Struthof

Michaels lebenslange Last

Michael resümiert beide Besuche und konstatiert dabei seine Unfähigkeit, „Hannas Verbrechen zugleich [zu] verstehen und [zu] verurteilen" (S. 151). Er sei damit nicht fertig geworden und habe sich somit immer ein wenig fremd in der Welt von seinesgleichen, aber auch in der damaligen Welt der Konzentrationslager gefühlt.

Kapitel 16

Entgegen dem Rat seines Vaters sucht Michael doch noch den Vorsitzenden Richter auf und will mit ihm über Hannas Analphabetismus reden. Über die Gründe hierzu reflektiert er später in selbstkritischer Weise und stellt dabei fest, dass sie teilweise egoistischer Natur gewesen seien. Mit seinem Schritt habe er an Hanna „rummachen" (S. 153) und sich dabei selbst eine für ihr Leben entscheidende und wichtige Rolle geben wollen, um das bittere Gefühl loszuwerden, sie hätte ihn womöglich unter anderen Bedingungen – und nachdem sie ihren Spaß mit ihm gehabt hätte – auch ins Gas geschickt.

Doch das Gespräch verläuft völlig anders als erwartet. Michael beschreibt den Vorsitzenden Richter als einen Mann mit einem harmlosen Beamtengesicht, der nach dem Prozesstag „sein Tagwerk vollbracht hat und damit zufrieden ist" (S. 154). Dem Leser fällt auf, dass Michael hier exakt die gleichen Worte verwendet wie der Mercedesfahrer bei seinem Versuch, die Gefühlslage eines NS-Täters während der Massenerschießungen von Juden zu schildern. Diese offensichtliche Parallele könnten darauf hinweisen, dass der Autor sowohl an dem NS-Täter als auch an dem Richter Kritik äußern will. Beide sind mit ihrem Tagwerk beschäftigt und haken es schlichtweg ab, ohne ihr Tun zu hinterfragen. Der Vorsitzende Richter plaudert mit Michael, nachdem er ihn zur Seminargruppe und deren Zielen befragt hat, über seinen eigenen juristischen Werdegang. Anders als Michael, welcher später große Probleme mit dem (Ver-)Urteilen haben wird, ist er gerne Jurist und Richter, was, wie der Leser bemerkt, auch damit zu tun hat, dass er wenig problematisiert und seine Tätigkeit nicht bis ins Letzte durchdenkt. Die Gestalt des Richters, die nunmehr weder würdevoll noch moralisch, sondern eher banal wirkt, hat innerhalb des Romanganzen die Funktion, die Kritik an der Justiz zu untermauern und den Leser vor einem vor-

Das Gespräch mit dem Richter – implizite Kritik an der Justiz, Erschütterung des Lesers bzgl. eindeutiger moralischer Urteile

schnellen Urteil über Recht und Unrecht zu warnen. Michael fährt nach dem Gespräch mit dem Zug nach Hause und fühlt inmitten der Menschenmenge die Betäubung wieder, die ihm, wie er mutmaßt, die Rückkehr in seinen Alltag erst ermöglichen wird.

Kapitel 17

Das Urteil – ein offensichtlicher Fehler

Die Verlesung des Urteils schließt den Prozess gegen Hanna ab. Dass es auf lebenslänglich lautet, während die anderen Angeklagten zeitlich begrenzte Freiheitsstrafen bekommen, kann der Leser eindeutig als ungerecht beurteilen. Michael beschreibt den genauen Ablauf der Urteilsverkündung, weil auch darin die große Diskrepanz zwischen dem, was Hanna zu sein scheint und was sie wirklich ist, deutlich wird.

Diskrepanz zwischen Hannas Äußerlichkeit und ihrem Inneren

Ihr äußeres Erscheinungsbild verschlägt den Anwesenden buchstäblich die Sprache, denn sie trägt ein Kostüm, das an eine SS-Uniform erinnert. Ob sie dies bewusst tut, um sich zu verwandeln in die Frau, die im Prozess aus ihr gemacht worden ist, oder ob sie ihre Wirkung nicht abschätzen kann, bleibt offen. Sie wird vielfach offen beleidigt, versucht aber, sich durch ihre gerade, starre Körperhaltung vor der Welt und ihren Angriffen zu verschließen. Michael versucht, einen letzten Blickkontakt herzustellen, sieht jedoch in Hannas Gesicht Verletzung, Verlorenheit und Müdigkeit und den Willen, nichts und niemanden mehr an sich heranzulassen.

Dritter Teil – Getrennte und von der Vergangenheit gezeichnete Lebenswege der Liebenden

Kapitel 1

Die Beschreibung von Michaels innerem und äußerem Zustand nach dem Prozess zeugt von einer tiefen Verletzung, die man vielleicht sogar als Traumatisierung bezeichnen könnte. Um nichts mehr fühlen und sich auch gedanklich nicht mehr mit dem gerade Erlebten auseinandersetzen zu müssen, vertieft er sich in das Studium und verhält sich abweisend gegenüber anderen Menschen. Dennoch schließt er sich einer Gruppe von Studenten an, als diese einen gemeinsamen Skiurlaub planen. Seine Risikobereitschaft beim Skifahren ist dabei so groß, dass hierin unterschwellig eine gewisse Todessehnsucht erahnt werden kann. Die Gefahr, die in dem psychischen Zustand der Betäubung liegt, äußert sich schließlich körperlich und verursacht eine schwere Erkrankung. Denn Michael friert nicht und bekommt dadurch, dass er stets leicht bekleidet ist, hohes Fieber. Anschließend, so diagnostiziert er selbst, habe ihn die Betäubung verlassen, sodass die verdrängten Gefühle wieder ein Teil von ihm werden und ihn nunmehr begleiten.

In Deutschland beginnt der Sommer der Studentenbewegungen, als Michael Referendar ist. Anders als noch vor dem Prozess fühlt er sich aber nicht länger zugehörig, sondern betrachtet die gesellschaftlichen Bewegungen mit einem eher distanzierten und analytischen Blick. Er sieht die Proteste der 68er-Generation als eine besondere Ausdrucksform des Ablösungsprozesses, den junge Menschen leisten müssen, um von ihren Eltern loszukommen und selbstständig zu werden. Das historisch Besondere sei in dem Fall der Nachkriegsdeutschen nur, dass er besonders krass ausfalle, weil die Eltern zu der Generation der NS-Tä-

(Randnotiz) Traumatisierung Michaels

(Randnotiz) Formen des gesellschaftlichen Umgangs mit der NS-Vergangenheit

ter gehörten. Verschärfend komme die Frage nach einer Kollektivschuld hinzu, die auch auf jene, die wie Michaels Vater nicht konkret beteiligt gewesen seien, bezogen werde.

Schuldverstrickung durch Liebe – das „deutsche Schicksal"

Wegen seiner Liebe zu Hanna fühlt sich Michael von der Empörung seiner Generation gegenüber den Eltern ausgeschlossen. Somit kann er nicht länger selbstgerecht auftrumpfen wie einst, als er noch nichts von Hannas Schuld wusste. Die Gefühle der Schuld und Scham hingegen teilt er mit seinen Altersgenossen. Er geht sogar so weit, in seiner Liebe zu Hanna ein Bild für „das Schicksal meiner Generation, das deutsche Schicksal" (S. 163) zu sehen. Dieses zeichnet sich durch die Verstrickung in die Schuld durch die liebevolle Bindung an die Täter aus. Dabei ist es irrelevant, ob es sich um Eltern oder wie in Michaels Fall um die Geliebte handelt.

Protestmärsche der 68er-Generation

Kapitel 2

Alle späteren Liebesbeziehungen Michaels zerbrechen an seiner nie überwundenen Liebe zu Hanna. Besonders schlimm ist dies für seine Tochter Julia, die aus der Ehe mit seiner Kollegin Gertrud stammt. Die Beziehung zu Gertrud steht in einem auffälligen Gegensatz zu seiner einstigen Liebe zu Hanna, weil sich die Partner ähnlich sind und beispielsweise durch ihre Arbeit und ihre Lebenssituation als Referendare verbunden sind. Weil Michael aber nicht aufhören kann, seine Frau mit Hanna zu vergleichen, fühlt sich für ihn ihre Liebe falsch an und so kommt es nach fünfjähriger Ehe zur Scheidung. Die Leidtragende ist die gemeinsame Tochter. Da Michael fühlt, dass er ihr etwas entzieht, worauf sie ein Recht hat, wächst sein ohnehin großes Schuldbewusstsein. Auch die nachfolgenden Versuche, eine Beziehung einzugehen, scheitern.

Michaels Ehe und Scheidung – Vergrößerung der Schuld

Scheitern der späteren Liebesbeziehungen

Kapitel 3

Der erinnernde Erzähler greift nun wieder zurück und schildert eine Episode aus der Zeit der Ehe mit Gertrud. Der Professor aus dem KZ-Seminar ist inzwischen gestorben und Michael beschließt auf Anraten seiner Frau, zur Beerdigung zu gehen. Er empfindet dies als eine Möglichkeit zur Begegnung mit der Vergangenheit und reist mit der Straßenbahn an. Das Wetter an jenem Herbsttag spiegelt die innere Befindlichkeit Michaels, denn dass die Sonne weder wärmt noch in den Augen sticht, lässt sich als Ausdruck des inneren Zurruhekommens und seines inzwischen gewonnenen Abstands zur Vergangenheit deuten. Die kleine und seltsame Trauergemeinde und auch die Gäste zeigen das Wesen des Verstorbenen, welcher bewusst eine von der Gesellschaft abseitige Rolle übernommen hat und dabei zum Eigenbrötler geworden ist. Die erzählerische Funktion dieser Figur ist es, Michaels Situation zu spiegeln und weitere Ursachen für eine solche Isolation ersichtlich zu machen.

Die Beerdigung des Professors als Begegnung mit der Vergangenheit

Ein ehemaliger Kommilitone fragt Michael, warum er sich damals so intensiv mit dem KZ-Prozess und vor allem mit Hanna als Angeklagter befasst habe. Michael, dessen Verschlossenheit in Kontrast zu der gelösten Stimmung des Gegenübers und seinem Geplauder über gemeinsame Bekannte steht, entzieht sich auf überstürzte Weise dem Gespräch und flüchtet.

Flucht vor dem Bekenntnis der Wahrheit

Kapitel 4

Michaels Beruf als Rechtshistoriker – Flucht in eine juristische und gesellschaftliche Nische

Die berufliche Orientierung Michaels nach seinem Referendariat kommt einem Ausweichen vor der Verantwortung gleich, als Jurist über das Schicksal von Menschen entscheiden zu müssen. Angesichts seiner Erfahrung mit dem KZ-Prozess, welcher in seinen Augen unzureichend abgelaufen ist, empfindet er gleichermaßen das Anklagen, das Richten und das Verteidigen als groteske „Vereinfachung[en]" (S. 171) der Wirklichkeit. Gertrud, die sogleich als Richterin anfängt, erkennt das Fluchthafte in Michaels Verhalten, kann ihn aber nicht umstimmen. Durch einen glücklichen Zufall findet er schließlich eine berufliche Nische als Historiker, der sich mit der Geschichte des Rechts befasst.

Das Bild der Rechtsgeschichte als dauerhafte Bewegung

Seine Tätigkeit in einer Forschungseinrichtung empfindet Michael als erfüllend und er spezialisiert sich wohl auch angesichts seiner Biografie auf das Recht im Dritten Reich. Dabei hat er den Anspruch, Brücken zwischen Vergangenheit und Gegenwart zu schlagen. Als er über Gesetzestexte der Epoche der Aufklärung (18. Jahrhundert) arbeitet, ist er zunächst beglückt über die ihnen zugrunde liegenden humanistischen Ideale und das teleologische Geschichtsbild[1], beurteilt diese Ideen nun jedoch als Trug. Sein Bild von der Geschichte des Rechts entspricht seiner Deutung der „Odys-

---

[1] Ein teleologisches (von lat. telos, Ziel) Bild von der Geschichte fußt auf der Vorstellung, dass sich die Ereignisse zu einem bestimmten Ziel hin bewegen. In der Zeit der Aufklärung wurde dies näher als die beständige Vervollkommnung des Menschengeschlechts definiert.

see"[1]. Zuvor hat er die „Odyssee" immer nur als eine Heimkehrgeschichte gelesen. Nun jedoch sieht er in ihr ein Symbol für eine Geschichte einer dauernden Bewegung, die in sich einander entgegengesetzte Richtungen und Eigenschaften vereint und somit auch Rückschläge und Irrtümer beinhaltet. Damit wird deutlich, dass er an eine fortlaufende Entwicklung zum Positiven, die sich in der Geschichte vollzieht, nicht mehr glaubt.

Kapitel 5

Im achten Jahr ihrer insgesamt achtzehnjährigen Haft beginnt Michael wieder mit dem Vorlesen für Hanna, und zwar, indem er das Vorgelesene auf Tonkassetten aufnimmt und ihr diese ins Gefängnis schickt. Die Idee kommt ihm, als er merkt, wie sehr Hanna noch immer die dominierende Gestalt seines Lebens ist. Zudem ist er gefangen im selbstquälenden Grübeln über seine gescheiterte Ehe und seine

Wiederaufnahme des Vorlesens für Hanna

Michael nimmt seine Rolle als „Vorleser" wieder auf und wird selbst Autor

---

[1] Zur Rolle der „Odyssee" vgl. *„Manchmal drängte es mich selbst weiterzulesen." – von der Bedeutung der Literatur im Roman „Der Vorleser"*", S. 94 ff.

Tochter und kann nicht gut schlafen. Das laute Vorlesen hilft ihm, es hält ihn wach und bringt ihn auf andere Gedanken.

Die Texte, die Michael dafür wählt, sind abgesehen von der „Odyssee" vorwiegend Romane deutscher Autoren, sodass die Auswahl von einem „große[n] bildungsbürgerliche[n] Urvertrauen" (S. 176) zeugt. Der Leser erfährt nicht, was Michael genau mit seinem Vorgehen bezweckt, allerdings kann vermutet werden, dass er neben seinem persönlichen Nutzen noch immer an die Idee einer Humanisierung durch Bildung glaubt und somit auch Hannas Denken und Fühlen voranbringen will.

Allerdings spart er bewusst experimentelle Literatur aus, weil er sich selbst und Hanna als verunsicherte Menschen sieht, mit welchen auch in der Rolle des Lesers nicht experimentiert werden sollte. Überdies erfährt der Leser, dass Michael selbst Autor geworden ist und, indem er ihr all seine Werke noch vor ihrer Veröffentlichung schickt, Hanna zu einer festen Instanz in deren Entstehungsprozess macht. Hanna indes kann nicht ahnen, welcher Art Michaels Gefühle für sie sind, denn er hinterlässt ihr auf den besprochenen Tonkassetten niemals eine persönliche Nachricht.

Kapitel 6

Durch einen unerwarteten, schriftlichen Gruß erfährt Michael von Hannas Alphabetisierung im Gefängnis. An ihrer ungelenken, wie gewaltsam geführten Schrift bemerkt er, wie viel Kraft sie dieser Schritt gekostet hat, und er ist stolz auf sie. Sein Empfinden wird noch verstärkt durch das, was er seither über Analphabetismus erfahren hat. Mit Rückgriff auf eine Erklärung Immanuel Kants[1] beurteilt er das Lesen- und Schreibenlernen als einen „aufklärerischen Schritt"

---

[1] Vgl. hierzu genauer „Daß sie schuldig, aber nicht so schuldig war, wie es den Anschein hatte." – die Schuldproblematik und ihre Darstellung im Roman „Der Vorleser", S. 109 ff.

(S. 178), denn er sei gleichbedeutend mit der Beendigung eines Zustands der Unmündigkeit, als welchen er den Analphabetismus beurteilt. Der Leser muss sich entscheiden, ob er ihm in dieser Sichtweise zustimmt, denn sie impliziert auch die Frage danach, ob der Analphabet als Unmündiger nach gleichem Recht be- und vor allem verurteilt werden kann wie literarisierte Menschen.

Michael ist angesichts Hannas Sprungs in die Mündigkeit von Jubel, aber auch von Trauer über Hannas „verspätetes und verfehltes Leben" (S. 178) erfüllt. Und doch bleibt er dabei, ihr vorzulesen, aber antwortet nicht persönlich auf eines ihrer nun immer wieder eintreffenden Grußworte, die in zunehmend formschöner, aber nie flüssiger Schrift abgefasst sind.

Trauer über Hannas verfehltes Leben

Kapitel 7

Für Michael unerwartet erreicht ihn ein Brief der Gefängnisleiterin, in welchem diese eine baldige Entlassung Hannas ankündigt. Weil Michael der einzige Mensch ist, der Kontakt zu Hanna hält, wendet sie sich mit der Bitte an ihn, ihr die ersten Schritte in ein Leben außerhalb der Gefängnismauern zu erleichtern. Konkret bittet sie darum, eine Wohnung und Arbeit für Hanna zu finden, soziale Begegnungen durch die Kontaktaufnahme zu entsprechenden Institutionen anzubahnen und zunächst gemeinsam mit ihr etwas zu unternehmen. Der Brief wirbt um Verständnis für Hannas Situation, nach achtzehn Jahren nun in Freiheit einsam und hilflos dazustehen.

Der Brief der Gefängnisleiterin mit der Bitte um Hilfe für Hanna

Michael weiß von dem großen Einfluss und der Achtung, den die Leiterin in ihren Kreisen genießt, und schätzt die Art, in welcher der Brief formuliert ist. Allerdings muss er sich eingestehen, dass er eine Wiederbegegnung fürchtet und sich wohl auch deshalb nie Gedanken darüber gemacht hat, dass es einmal dazu kommen könnte. Er hält den Kontakt mit Hanna nur auf seine distanzierende Weise,

Michaels Angst vor der Wiederbegegnung

die des Vorlesens, für erträglich und fürchtet ein Zerbrechen dieser kleinen ritualisierten Welt. Darum organisiert er zwar alles, was die Leiterin ihm aufgetragen hat, schiebt aber den von ihr vorgeschlagenen Besuch in der Anstalt so lange wie möglich vor sich her.

Kapitel 8

Enttäuschende Begegnung mit einer gealterten Hanna

Der Besuch Michaels im Gefängnis verläuft für beide, für Hanna und ihn selbst, sehr enttäuschend. Das Gebäude und die Art des Strafvollzugs nimmt Michael zunächst als vorbildhaft wahr, weil es den Bedürfnissen der Inhaftierten weitgehend entgegenkommt. Aber schon von fern kann er kaum glauben, dass die Frau, auf welche die Wärterin zeigt, Hanna sein soll, so sehr hat diese sich verändert. Ihr Gesicht hat mehr Falten bekommen und sie ist fülliger und ungepflegter geworden. Als sie Michael erblickt, sieht er in ihrem Gesicht zunächst Freude, dann aber ein Erlöschen, als habe sie dessen Gedanken und Gefühle lesen können. Sie begrüßt ihn höflich, aber ohne Wärme.

Veränderter Geruch, vergangene Liebe

Michael versucht, den Grund dafür zu beschreiben, warum sie ihm so fremd geworden ist, und findet ihn in ihrem Geruch. In einer Rückblende erinnert er sich daran, wie sie früher gerochen und welche erotischen Gefühle dies in ihm ausgelöst hat. Nun hat sie den Geruch einer alten Frau. Michael, der bemerkt hat, wie er sie zuvor durch seinen Blick verletzt hat, versucht, ein höfliches und freundliches Gespräch aufzunehmen, das jedoch weitgehend floskelhaft verläuft. Zu wenig kann er durch seine Worte die Anstrengung würdigen, die Hanna die Alphabetisierung gekostet hat. Schließlich bekennt er, ihr lediglich eine kleine Nische in seinem Leben zugebilligt zu haben.

Er fragt Hanna direkt, ob sie in der Zeit ihrer Liebe nicht an ihre vergangenen Verbrechen gedacht habe, und bekommt zur Antwort, dass sie sich immer unverstanden gefühlt und deshalb niemals darüber geredet habe. Hierin, so argumentiert sie weiter, liege auch der Grund, warum niemand außer den Toten von ihr Rechenschaft habe fordern können. Hanna argumentiert hier damit, dass ihr Verbrechen eine Sache zwischen Tätern und Opfern sei. Sie glaubt, die Anwesenheit der Toten besonders in den Nächten spüren zu können und hierdurch zu einer Auseinandersetzung gezwungen zu werden. Der Leser muss sich fragen, ob er ihr hierin zustimmen will oder einen besonderen Wert in der öffentlichen Aufarbeitung der Vergangenheitsschuld sehen will.

Das Gespräch endet mit Hannas Frage nach einer Heirat Michaels und einer Vereinbarung darüber, wie Michael sie in einer Woche abholen soll.

Hannas Argumentation – Verbrechen als eine Sache zwischen Tätern und Opfern

Kapitel 9

Die folgende Woche ist für Michael durch vielerlei Aktivitäten und innere Unruhe gekennzeichnet. Beruflich arbeitet er intensiv an einem juristischen Vortrag. Dabei erkennt er, dass er von falschen Voraussetzungen ausgegangen ist, und ist versucht, die Tatsachen zu verdrehen, um dennoch zu dem Ergebnis zu kommen, das er zeigen will. Ohne dass der Leser genauer erfährt, worum es geht, wird hier ein zweifelhaftes Rechtsverständnis deutlich, denn es geht nicht um die Wahrheitsfindung, sondern darum, die Sache, die verhandelt wird, unter Zeitdruck abzuschließen. Auch die weiteren Vorbereitungen für Hannas Entlassung erledigt er gehetzt und verbissen. Die Erinnerung an den gerade zurückliegenden Besuch bei ihr lösen Schuldgefühle in ihm aus, weil er sich vorwirft, sie wiederum verraten zu haben. Gleichzeitig versucht er, sich davon zu befreien, indem er Hanna insgeheim dafür anklagt, wie sie sich mit ihrer Argumentationsweise, nur die Toten als Ankläger ernst zu nehmen, „billig und einfach [...] aus ihrer Schuld gestohlen hatte" (S. 190). Eine nähere Selbstbefragung ergibt, dass er es ihr vor allem übel nimmt, dass sie offen-

Michaels innere Unruhe vor der Entlassung Hannas

sichtlich ihm gegenüber gar keine Schuldgefühle empfindet.

Letztes Telefonat mit Hanna

Michael ruft im Gefängnis an und hört sich dabei zunächst die Sorgen der Leiterin um Hanna an. Diese berichtet, dass Hanna die Möglichkeit, sich auf das Leben draußen durch einige Freigänge vorzubereiten, nicht wahrgenommen habe. Der Tag ihrer Entlassung werde für sie wahrscheinlich ein besonders schwerer sein. Als er durchgestellt wird, fragt er Hanna nach ihren Wünschen und Vorstellungen für den Tag und wird von ihr damit geneckt, „immer noch ein großer Planer" (S. 191) zu sein. Seinen aufkommenden Ärger spürend, lenkt sie sogleich beschwichtigend ein. Michael bemerkt an ihrer Stimme, dass sie im Gegensatz zu ihrem Äußeren ganz jung geblieben ist, möglicherweise ein Zeichen dafür, dass hier für einen kurzen Moment seine früheren Gefühle zu ihr aktualisiert werden.

Kapitel 10

Hannas Selbstmord

Am Morgen ihrer Entlassung wird Hanna erhängt aufgefunden, sodass Michael bei seinem Eintreffen sogleich zur Leiterin der Anstalt gebracht wird. Die äußerlich unscheinbare Frau macht, sobald sie zu reden beginnt, angesichts ihres großen Engagements für die Inhaftierten und der Intensität ihrer Ausdrucksweise sogleich einen überzeugenden Eindruck auf Michael. Ihre bohrenden Fragen nach dem Verlauf der letzten Woche, die sie auf der Suche nach der Ursache für Hannas Selbstmord stellt, kann Michael nicht beantworten. Zu nahe ist er den Tränen, und so schweigt er.

Hanna in ihrer Haftzeit – eine völlig andere Frau?

Es folgt ein Rundgang durch das Gefängnis, bei welchem die Leiterin Michael führt und ihm erzählt, was Hanna in der Zeit ihrer Haft getan und wie sie gelebt hat. Der Leser gewinnt dabei, ebenso wie der Erzähler selbst, einen völlig neuen Eindruck von ihr. Auffällig ist Hannas Engagement, mit dem sie beispielsweise die Kürzungen der Bibliotheks-

Hannas Lebensraum während der Haft – Symbol für ihre innere und äußere Wandlung

mittel verhindert und sich durch die Ausleihe ihrer Tonkassetten für das Wohl blinder Strafgefangener eingesetzt hat. Als Michael Hannas Zelle sieht, wird er zunächst von der Leiterin darauf aufmerksam gemacht, dass Hanna nicht gepackt habe, was für den Leser ein Hinweis darauf ist, dass sie wohl nicht beabsichtigt hat, ein Leben außerhalb des Gefängnisses zu führen.

Michael bemerkt das Bücherregal, welches gefüllt ist mit Literatur über nationalsozialistische Verbrechen. Daneben zeugt eine Auswahl von wissenschaftlicher Literatur über KZs von Hannas geistiger Auseinandersetzung mit ihrer

Intellektuelle Auseinandersetzung mit ihrer Schuld – glaubhaft oder Wunschfantasie?

NS-Vergangenheit. Diese innere Wandlung von einer unreflektierten Täterin und Analphabetin zu einer reuevollen und gebildeten Frau ist einer der häufig genannten, zentralen Kritikpunkte an dem Roman. Die Kritiker beurteilen diese Darstellung als unglaubwürdig und als bloße Wunschfantasie der zweiten Generation. Gespräche mit Täterkindern und -enkeln spiegeln gehäuft deren innigen Wunsch, dass ihre schuldigen Verwandten zu einem Zustand von Reue oder Mitleid für ihre Opfer gelangt sind. Dies ist aber gerade bei NS-Tätern fast nie der Fall gewesen.[1] Der Eindruck von einer quasi religiösen Umkehr Hannas durch eine selbst auferlegte Buße wird durch die Wortwahl noch verstärkt, denn die Leiterin erzählt, Hanna habe zunächst „wie in einem Kloster" (S. 196) gelebt und die Haft als eine Gelegenheit für einen freiwilligen Rückzug in sich selbst genutzt. Während sie dabei zunächst noch auf Äußerlichkeiten wie ihre Figur und Hygiene geachtet habe, habe sie derlei Anstrengungen zu einem bestimmten Zeitpunkt aufgegeben und sich noch stärker in sich selbst wie in „eine einsame Klause" (S. 196) zurückgezogen. Die Steigerung zeigt die zunehmende Weltentfremdung Hannas, und die Leiterin vermutet, dass Hanna die Welt nicht mehr erträglich gefunden und deshalb Suizid begangen habe.

Michael erfährt beim Betreten von Hannas Zelle aber auch, dass er ihr mehr bedeutet hat, als er die ganze Zeit über gedacht hat. Er findet neben Bildern von Naturimpressionen auch eine Fotografie von sich selbst als Abiturient, die aus einer lokalen Zeitung stammt. Michael rechnet zurück

Hannas Rückzug aus der Welt

---

[1] Vgl. hierzu folgende Arbeiten: Welzer, Harald; Moller, Sabine und Tschuggnall, Karoline: „Opa war kein Nazi." Nationalsozialismus und Holocaust im Familiengedächtnis. Frankfurt a. M., ³2002; Bar-On, Dan: Die Last des Schweigens. Gespräche mit Kindern von Nazi-Tätern. Reinbeck bei Hamburg 1996 sowie „Da ist etwas kaputtgegangen an den Wurzeln." Identitätsformation deutscher und israelischer Jugendlicher im Schatten des Holocaust. Hg. v. Bar-On, Dan et al., Frankfurt/New York 1997.

und weiß, dass sie sich diese nach ihrem Weggang und zeitlich noch vor dem Prozess mit viel Mühe besorgt haben muss, und ist den Tränen nah. Die Leiterin erzählt ihm auch, dass seine Tonkassetten das Mittel gewesen seien, durch welches Hanna lesen gelernt habe, denn sie habe in der Bücherei die entsprechenden Titel ausgeliehen und Schritt für Schritt mitgelesen, bis ihr die Bedeutung der Buchstaben aufgegangen sei. Dennoch hat sie die letzten Worte, die die Leiterin in einer Teedose gefunden hat, nicht direkt an ihn gerichtet. Vielmehr hat sie darin verfügt, er solle das noch vorhandene Geld der Tochter geben, die damals den Brand in der Kirche überlebt hat.

Michaels große Bedeutung für Hanna

Die Leiterin bekennt ihren Zorn angesichts des Selbstmords, den sie gleichermaßen auf Hanna wie auch auf Michael richtet, und erlaubt ihm einen letzten Blick auf Hannas Leichnam. Michael erkennt im toten Gesicht einen „Aufschein" (S. 198) der jungen, geliebten Frau und vergleicht dieses Erleben mit dem Gefühl alter Ehepaare, die ihre bleibende Liebe zueinander auch der Erinnerung an die inzwischen vergangene Schönheit und Jugend verdanken.

Abschied von Hanna in lebendiger Erinnerung an die damalige Liebe

Die Ursachen für Hannas Selbstmord werden im Roman nicht benannt und bilden damit eine Leerstelle, die der Leser füllen muss. Handelt es sich dabei um einen Akt der Sühne, den die nunmehr moralisch mündig gewordene Hanna an sich selbst vollzieht? Das würde bedeuten, dass Hanna sich selbst richtet. Heißt dies auch, dass im Roman einer solchen individuellen Auseinandersetzung mit begangener Schuld der Vorzug vor einer öffentlichen, juristischen Aufarbeitung der NS-Vergangenheit gegeben wird? In einem Interview[1] jedenfalls verneint der Autor Bernhard Schlink die Möglichkeit, das Gewissen der Deutschen öf-

Diskussion möglicher Ursachen für Hannas Selbstmord

---

[1] „Ich lebe in Geschichten." Von Doerry, Martin und Hage, Volker. DER SPIEGEL 4/2000, www.spiegel.de/spiegel/print/d-15502682.html (Stand: 07.11.2012)

fentlich zu verwalten, weil es sich hierbei um eine individuelle, private Sache handelt. Und so steht auch in seinem Roman das defizitäre juristische Urteil dem Akt der Selbstjustiz Hannas entgegen. Allerdings lässt sich Hannas Suizid auch aus ihrer Verzweiflung über den Verlust der Liebe zu Michael heraus verstehen. Dieser hat ihr zwar vorgelesen, aber nie ein persönliches Wort geschrieben und bei ihrer Wiederbegegnung enttäuschend reagiert. Hanna hat in ihm nicht nur den Einzigen verloren, der zumindest versucht hat, sie zu verstehen, sondern auch ihre einzige noch bleibende Verbindung zur Außenwelt. Somit kommen als Ursache für den Selbstmord auch enttäuschte Liebe und totale soziale Isolation infrage.

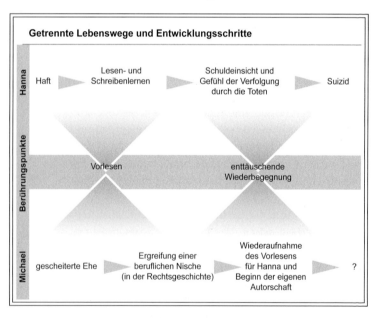

Kapitel 11

Im Herbst des Todesjahres von Hanna macht Michael den Versuch, ihren letzten Wunsch zu erfüllen, und besucht deshalb in New York die Tochter, um ihr das Geld zu überreichen. Die Naturimpressionen auf dem Weg dorthin deuten auf das vergangene Verbrechen hin, denn die Wälder sind von einem „flammenden, leuchtenden Rot des Ahorn" (S. 199) gezeichnet und haben damit eine deutliche Parallele zu den Bildern in Hannas Zelle. Beide verweisen auf die Nacht der Bomben, in der die Frauen in der Kirche verbrannt sind. Michael döst ein und hat erneut einen Traum von einem Haus, das in Amerika steht. Hanna ist älter als bei ihrem ersten und jünger als bei ihrem letzten Treffen, noch schöner, sie spricht englisch und fährt Auto. Der Traum zeigt einerseits die verpassten Lebenschancen der realen Hanna, andererseits aber auch – so interpretiert es Michael dann auch selbst – seine „Sehnsucht danach, nach Hause zu kommen" (S. 200). In all den Jahren hat seine nie überwundene Bindung an Hanna ihn daran gehindert, seine eigene Existenz woanders zu verankern, und so ist er vielem entfremdet geblieben, was andere als sinnerfüllend empfinden.

Michaels Haustraum als Symbol seiner Sehnsucht nach einer verankerten Existenz

Als er bei der Tochter ankommt, fällt ihm sogleich die Sachlichkeit auf, die ihre Erscheinung prägt und deren Ursache er darin vermutet, dass sie in „Leid erstarrt" (S. 201) sei. Sie will Hannas Geld nicht annehmen, weil sie nicht den Anschein erwecken will, ihre Peinigerin durch einen solchen Akt nachträglich von ihrer Schuld zu erlösen. Michael dringt auf sie ein, sie möge wenigstens Hannas Versuch anerkennen, den Haftjahren einen Sinn zu geben, woraufhin die Tochter nach seinem Verhältnis zu ihr fragt. Ohne Umschweife verrät er ihr als Einziger die Wahrheit. Die Tochter reagiert empört und klagt Hanna an, „brutal" (S. 202) gewesen zu sein. Ohne dass er dies von sich aus erzählt, folgert sie auf seine Beziehungsprobleme und seine

Anklage der Tochter: Hannas Brutalität gegenüber Michael

gescheiterte Ehe und fragt sich, ob Hanna überhaupt bemerkt habe, welche Folgen ihr Tun für Michael gehabt hat. Der Leser erfährt hier erstmals ein Fremdurteil über die Liebe zwischen einem Jugendlichen und einer älteren Frau mit einer schuldbehafteten Vergangenheit und kann hierdurch seine eigene Wertung, die durch die Erzählperspektive eng an jene von Michael gebunden ist, ein Stück weit korrigieren.

Einigung um den Umgang mit Hannas Geld

Michael lenkt das Gespräch wieder auf Hannas letzten Willen. Die Tochter erzählt, dass sie selbst einmal eine ähnliche Teedose besessen habe wie die Hannas, und davon, dass man sie ihr im KZ gestohlen habe. Das Kostbare dieser Dose ist offensichtlich gewesen, dass sie ganz persönliche Erinnerungsstücke enthalten hat und damit ein Symbol für ihre Identität gewesen ist. Der Verlust der Dose im Konzentrationslager wirft ein Licht auf die Entmenschlichung der jüdischen Opfer durch ihre Peiniger. Die Symbolik erklärt auch, warum ihr die Dose, die sie bereit ist, zu behalten, mehr wert ist als das angebotene Geld. Dafür eine Verwendung zu finden überlässt sie Michael.

Blick auf die zwei Dimensionen der Schuldverstrickung

Er beschließt, es einer Gesellschaft zu überlassen, die sich gegen den Analphabetismus engagiert und, wenn möglich, jüdisch ist. Selbstbewusst weist ihn die Tochter darauf hin, dass der Analphabetismus „nicht gerade ein jüdisches Problem" (S. 203) sei, und macht damit auf die bereits im Kleinkindalter beginnende Alphabetisierung und das gerade für das Judentum prägende hohe Bildungsniveau aufmerksam. In der Gestalt der Tochter begegnet Michael einer klugen Frau, deren Kommentare eine kritische Perspektive auf die den Roman durchziehenden schuldhaften Verstrickungen erlauben. Das Gespräch beinhaltet dabei die beiden Dimensionen, welche hierbei von Bedeutung sind: die Beziehung zwischen Tätern und Opfern und jene zwischen Tätern und der nachfolgenden Generation.

Kapitel 12

Michael reflektiert über seine Entscheidung, Hannas und seine Geschichte zu schreiben, die er bald nach ihrem Tod gefasst, aber erst zehn Jahre später realisiert hat. Den Schreibprozess schildert er als einen lebendigen Vorgang, bei welchem sich schließlich die eine, richtige Version aus vielen anderen möglichen herauskristallisiert habe. Das ursprüngliche Ziel, mit dem Schreiben die Geschichte loszuwerden, erreicht er jedoch nicht, und er wirft damit indirekt auch ein Licht auf den immer wieder ertönenden Ruf, man möge die NS-Vergangenheit Deutschlands abhaken und hinter sich lassen. Dass ein Vergessen nicht möglich ist, erklärt sich Michael auch mit einem Geschichtsbild, wonach „[d]ie Schichten unseres Lebens […] so dicht aufeinander […] [ruhen], daß uns im Späteren immer Früheres begegnet, nicht als Abgetanes und Erledigtes, sondern gegenwärtig und lebendig" (S. 206). Das Formulieren hat in Michael auch eine andere Wertung der Geschichte bewirkt, denn er betont, seinen Frieden mit all den Ereignissen gemacht zu haben, die letztlich sein Leben bestimmt haben. Ein einziges Mal besucht er Hannas Grab mit einem maschinengeschriebenen Brief einer jüdischen Vereinigung gegen Analphabetismus, in welchem diese sich für die Geldspende bei Hanna Schmitz bedankt.

Das Schreiben der gemeinsamen Geschichte

Der innere Prozess Michaels – Abschluss in Frieden mit der eigenen Geschichte

Hintergründe

Bernhard Schlinks Themen

Juristische und literarische Laufbahn

Bernhard Schlink wurde 1944 in Bielefeld geboren, wuchs aber in Heidelberg auf. Sein Vater war Professor für evangelische Theologie, und auch einige andere Mitglieder seiner Familie lehrten und arbeiteten an der Universität. Schlink selbst studierte Jura in Heidelberg und Berlin. Nach seiner Promotion und Habilitation begann er als Professor für öffent-

Bernhard Schlink

liches Recht und Rechtsphilosophie seine Lehrtätigkeit. Von 1987 bis 2006 war er als Richter am Verfassungsgericht des Landes Nordrhein-Westfalen tätig. Das Schreiben war für ihn von Jugendzeit an von großer Bedeutung und so verfasste er bereits früh literarische Texte.

Die Kriminalromantrilogie um den Privatdetektiv Gerhard Selb

Seine erste Veröffentlichung trägt den Titel „Selbs Justiz" und ist ein Kriminalroman, den er gemeinsam mit einem Freund, Walter Popp, schrieb. In diesem Text geht es neben der spannenden fiktiven Krimihandlung hintergründig auch um das Thema des Nationalsozialismus. Denn bei dem Privatdetektiv Gerhard Selb handelt es sich um einen ehemals überzeugten Nationalsozialisten, welcher als Richter viele Todesurteile gegen Regimegegner gefällt hat. In der Nachkriegszeit nimmt er eine selbstkritische Haltung zur eigenen Vergangenheit ein und gibt deshalb die Richterrobe ab.

Schlinks Debüt gelang, und es folgten zwei weitere Episoden: 1992 kam „Selbs Betrug" und 2001 „Selbs Mord" heraus. In seiner Romantrilogie um Gerhard Selb verknüpft Schlink politisch brisante Fragestellungen mit einer spannenden Handlung. Dies entspricht seinem Empfinden, die deutsche Gegenwartsliteratur sei wenig unterhaltsam, und der daraus erwachsenen Forderung, die Unterscheidung zwischen der sogenannten E- und U-Kultur (ernsthafte Hochkultur und unterhaltsame Massen- bzw. Popkultur) aufzubrechen.

Der Durchbruch als Schriftsteller gelang ihm mit dem Roman „Der Vorleser", welcher 1995 erschien und international zum Bestseller avancierte. 2000 veröffentlichte er einen Band mit gesammelten kurzen Erzählungen mit dem Titel „Liebesfluchten" und 2006 folgte der Roman „Die Heimkehr". Neben seinen fiktionalen literarischen Texten verfasste Schlink zwei Essaybände mit den Titeln „Vergangenheitsschuld und gegenwärtiges Recht" (2002) und „Vergewisserungen" (2005).

Literarischer Durchbruch mit dem Roman „Der Vorleser"

Die genannten literarischen Texte weisen einige inhaltliche Ähnlichkeiten auf, die auf das Interesse des Autors und dessen Biografie verweisen. Besonders trifft dies auf die Perspektive zu, denn es handelt sich bei den jeweiligen Protagonisten um einen jungen Erwachsenen, der der Nachkriegsgeneration angehört, durch seinen Beruf oder durch seine Herkunft mit juristischen Fragen betraut ist und persönlich mit Konflikten der deutschen Geschichte konfrontiert wird. In dem Roman „Die Heimkehr" beispielsweise geht es um einen jungen Juristen namens Peter Debauer, der ohne Vater aufwächst, weil dieser als ehemaliger überzeugter Nationalsozialist seinen eigenen Tod vorgetäuscht hat und unter einem anderen Namen in New York an der Universität lehrt. Fasziniert von einer Heimkehrergeschichte tritt Peter Debauer eine lange Reise an, um den Autor aufzuspüren, ohne zu wissen, dass es sich bei ihm um sei-

Inhaltliche Gemeinsamkeiten der literarischen Texte

„Die Heimkehr"

nen Vater handelt. Schlink orientiert sich sprachlich und inhaltlich an der „Odyssee" Homers. Die Suche nach dem Autor ist für den Ich-Erzähler zugleich auch eine Suche nach sich selbst. In ähnlicher Weise kann auch die zehnjährige Heimfahrt des Odysseus psychologisch als ein Ringen um Identität gedeutet werden.

„Das Wochenende"

2008 wurde der Roman „Das Wochenende" veröffentlicht, in dem es um die Geschichte der RAF geht. Im Mittelpunkt der Handlung steht der Terrorist Jörg, der nach zwanzig Haftjahren begnadigt wird. Er verbringt ein Wochenende mit ehemaligen Freunden und Sympathisanten der Bewegung, die allerdings nicht wie er selbst Terroristen geworden sind, sondern im Gegenteil ihren Weg in die bürgerliche Gesellschaft gefunden haben. Durch die Begegnung mit Jörg sind sie aufgefordert, Bilanz zu ziehen.

Popularisierung politischer und juristischer Reflexionen mittels Literatur?

Seitens der Kritik wurde Schlink häufig der Vorwurf gemacht, er verbreite mithilfe seiner unterhaltsam gestalteten Literatur eine bestimmte vergangenheitspolitische und juristische Position. Dadurch, dass er diese in den Kontext von Familien- und Beziehungsgeschichten einbinde und auf diese Weise populär mache, reduziere er die Komplexität der politischen Inhalte enorm und werde somit der Sache nicht gerecht. Die Leser seiner Texte sind aufgefordert, sich hierüber ein eigenes Urteil zu bilden.

Zur Erzählweise und Sprache des Romans „Der Vorleser"

Die Ich-Perspektive in ihren Leistungen und Einschränkungen

Der Roman und seine Wirkung auf den Leser sind wesentlich durch die Ich-Perspektive und das dreiteilige Strukturprinzip geprägt. Der Leser erfährt die Geschichte Michael Bergs aus dessen radikal subjektiver Perspektive, die noch dazu deutlich durch dessen Liebe zu einer ehemaligen KZ-Aufseherin und durch das Gefühl der Verstrickung in ihre

Schuld geprägt ist. Michael – und mit ihm der Leser – lernt Hanna zunächst ohne den Schatten kennen, der aufgrund ihrer Vergangenheit auf ihr liegt. Die Liebesgeschichte zwischen beiden lässt trotz der nicht geleugneten Probleme eine sympathisierende Haltung zu, die eine spätere, eindeutige Verurteilung zumindest erschwert. Stattdessen vollzieht der Leser den langsamen und unbequemen Verstehensprozess Michaels nach, der erst verspätet die KZ-Aufseherin und dann die Analphabetin in Hanna erkennt. Michaels Perspektive ist daher die eines Befangenen. Der Leser muss sich klarmachen, dass seine Einsichten und Reflexionen, besonders über den Umgang der Deutschen mit ihrer Vergangenheitsschuld, nicht unbedingt mit der Meinung des Autors gleichzusetzen sind. Eher darf man in der Erzählerfigur die Verkörperung einer verzerrten Wahrnehmung sehen, die die Söhne der „zweiten Generation" durch das Verbrechen ihrer Eltern erleiden.[1]

Die Handlung des Romans erstreckt sich über einen sehr langen Zeitraum und ist in drei Teile gegliedert. Diese entsprechen den Lebensphasen Michaels als Jugendlicher, als Student und als Erwachsener. Inhaltlich werden dabei jeweils unterschiedliche Akzente aufgegriffen, die Michaels Lebensthemen und seinen Erlebnissen entsprechen. So geht es im ersten Teil um die Liebesgeschichte des ungleichen Paares und Michaels Entwicklung vom Jugendlichen zum Erwachsenen. Im zweiten Teil steht der Prozess gegen Hanna im Mittelpunkt, der die Frage nach Schuld und Verantwortung für vergangene Verbrechen sowie den Umgang mit den Tätern aufwirft. Die konkrete Darstellung des Gerichtssystems und seiner Vertreter beinhaltet aber auch eine Kritik an der Justiz. Im dritten Teil wird von Michaels

Dreiteiliges Strukturprinzip und inhaltliche Schwerpunktsetzung

---

[1] Vgl. hierzu: Bartov, Omer: „Deutschland als Opfer", in: Ha'aretz, 28. April 1999 [übersetzt ins Deutsche von Mirjam Pressler], zit. in: Heigenmoser, Manfred: Bernhard Schlink. Der Vorleser. Erläuterungen und Dokumente. Stuttgart 2005, S. 109.

weiterer Entwicklung sowie Hannas Alphabetisierung und der damit verbundenen Auseinandersetzung mit ihrer Schuld erzählt. Die Handlung verläuft chronologisch. Allerdings greift der spätere, mehr wissende und erfahrenere Michael in die Erzählung des Jugendlichen über seine Erlebnisse ein, indem er sie rückblickend wertet und kommentiert. Teilweise werden aber auch Vorausdeutungen eingeflochten, um beispielsweise auf die Tragik des Beschriebenen hinzuweisen, welche sich im Moment des Erlebens noch nicht erschließt.

Schnörkellose und variationsreiche Sprache

Die Sprache ist durchgängig klar und knapp gehalten, sodass eine Rezensentin sie später treffend als schnörkellos und sehr eindringlich[1] beschrieben hat. Während der junge Michael altersentsprechend noch in kurzen, parataktisch gebauten Sätzen spricht, so wird seine Sprache nach und nach stilistisch und syntaktisch komplexer. Besonders im zweiten Teil, in welchem es um die Gerichtsverhandlung geht, tritt sein juristisches Fachwissen zutage, was in sprachlicher Hinsicht nüchtern wirkt. Andere Passagen dagegen, in denen es etwa um Träume[2] geht, sind durch eine poetische und sehr bildhafte Sprache geprägt. Dabei wird deutlich, dass die Erinnerungen des Erzählers vor allem durch visuelle Eindrücke und Fantasien geprägt sind („Hanna in Shorts und geknoteter Bluse, mir ihr Gesicht zugewandt, das ich nicht lesen kann – auch das ist ein Bild, das ich von ihr habe.", S. 78). Auf den Leser hinterlässt die sprachliche Gestaltung des Romans den Eindruck von Authentizität, die dadurch noch verstärkt wird, dass der Erzähler zuletzt den Entstehungsprozess dieses Buches aus seiner Erinnerung beschreibt (vgl. S. 205 f.).

---

[1] Vgl. Löhndorf, Marion: Die Banalität des Bösen, in: Neue Zürcher Zeitung. 28./29. Oktober 1995, zit. in: ebd., S. 101.

[2] Beispiele hierfür sind etwa die Beschreibung des Haustraums, S. 8 ff., sowie die Reflexion über den inneren Zustand in Krankheitsfällen, S. 19 f.

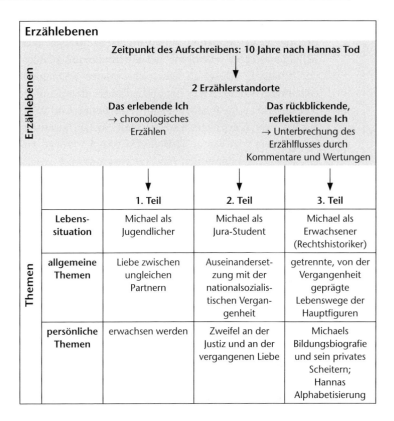

Erzählebenen				
	Zeitpunkt des Aufschreibens: 10 Jahre nach Hannas Tod ↓			
	2 Erzählerstandorte			
	Das erlebende Ich → chronologisches Erzählen		**Das rückblickende, reflektierende Ich** → Unterbrechung des Erzählflusses durch Kommentare und Wertungen	
	1. Teil ↓	**2. Teil** ↓	**3. Teil** ↓	
Lebens-situation	Michael als Jugendlicher	Michael als Jura-Student	Michael als Erwachsener (Rechtshistoriker)	
allgemeine Themen	Liebe zwischen ungleichen Partnern	Auseinandersetzung mit der nationalsozialistischen Vergangenheit	getrennte, von der Vergangenheit geprägte Lebenswege der Hauptfiguren	
persönliche Themen	erwachsen werden	Zweifel an der Justiz und an der vergangenen Liebe	Michaels Bildungsbiografie und sein privates Scheitern; Hannas Alphabetisierung	

„Hanna konnte nicht lesen und schreiben." – Analphabetismus als soziales Stigma und individuelles Problem

In der Geschichte seiner Protagonistin Hanna Schmitz zeigt Schlink die Biografie einer Frau, die nicht lesen und schreiben kann und daher als Analphabetin bezeichnet werden muss. Eine genaue Kennzeichnung des Phänomens „Analphabetismus" ist insofern schwierig, als es sich um einen relativen Begriff handelt, welcher von den Anforderungen

Definition des Phänomens „Analphabetismus"

der Gesellschaft an schriftsprachliche Leistungen abhängig ist. Vom Grad der Beherrschung der Schriftsprachlichkeit (d. h. von völliger Unkenntnis des Buchstabensinns bis hin zur Fähigkeit, Wörter zu lesen, aber ganze Texte nicht sinnerfassend lesen zu können) hängt es ab, ob jemand als totaler oder funktionaler Analphabet bezeichnet wird. Funktionaler Analphabetismus ist dabei in den Industriestaaten sehr viel weiter verbreitet, während totaler Analphabetismus eher in den Entwicklungs- oder Schwellenländern vorherrscht.

Hanna als totale, primäre Analphabetin

In Hannas Fall ist zu vermuten, dass sie die Fähigkeit zum Lesen und Schreiben nie erworben hat und lediglich in der Lage ist, mit ihrem Namen zu unterschreiben (vgl. S. 105), ansonsten aber die Bedeutung der Buchstaben nicht erkennen kann. Damit handelt es sich bei ihr um einen totalen, primären Analphabetismus, der sie in ihrem Denken, Handeln und Urteilen entscheidend prägt. Das Phänomen „Analphabetismus" oder auch „Illiteralität" zu erforschen stellt sich nicht zuletzt dadurch als schwierig dar, dass sich Analphabeten nicht als solche zu erkennen geben und daher ihre Zahl auch nur geschätzt werden kann.

Multifaktorielles Ursachengeflecht

Als Ursachen für Analphabetismus gilt ein Zusammentreten verschiedener Faktoren.[1] Dazu gehören ungünstige sozioökonomische Bedingungen im Elternhaus wie etwa hohe Kinderzahl in Verbindung mit Armut und einem niedrigen gesellschaftlichen Status, räumliche Enge oder Alkoholismus, aus denen nicht selten ein geringes Selbstwertgefühl und eine mangelhafte Grundbildung resultieren. In den Elternhäusern wird zumeist dem Lesen und der Kommunikation nur eine untergeordnete Rolle beigemessen. Dies jedoch sind Voraussetzungen für alle weiteren geistigen, aber auch persönlichen Bildungs- und Entwicklungs-

---

[1] Vgl. hierzu genauer: Kleint, Steffen: Funktionaler Analphabetismus – Forschungsperspektiven und Diskurslinien. Bielefeld 2009.

prozesse. In der weiteren Biografie erleben die Betroffenen häufig Misserfolge in Lernsituationen und entwickeln neben Versagensängsten auch ein Misstrauen gegenüber Bildungsinstitutionen, was wiederum weitere mögliche Lernschritte behindert oder verzögert.

Als Erwachsene erleben Analphabeten massive Beeinträchtigungen ihres beruflichen und sozialen Lebens, da sie sich in einer alphabetisierten Wissensgesellschaft in der Position von Außenseitern befinden. Die selbstbestimmte Partizipation am gesellschaftlichen Leben ist für sie beispielsweise schon dadurch erschwert, dass sie Briefe, Zeitungen, Rechnungen usw. weder lesen noch beantworten können und hierfür auf die Hilfe anderer angewiesen sind. Zumeist jedoch hindert ein Gefühl der Scham angesichts ihrer Schwäche sie daran, Hilfe offen einzufordern, und so entwickeln viele Analphabeten Strategien, um ihr Unvermögen zu verheimlichen und dennoch ihr alltägliches Leben zu meistern, z. B. indem sie jemanden damit betrauen, ihre schriftsprachlichen Angelegenheiten zu regeln und vor herausfordernden neuen Situationen zurückweichen. Vermeiden, Delegieren und Täuschen werden damit zu Bestandteilen

Soziale Außenseiterposition

Berufliche und gesellschaftliche Diskriminierung

Angst vor den Buchstaben – die Lebenssituation von Analphabeten

des Verhaltens. Unvorhergesehene Veränderungen jedoch können diese Form der Lebensbewältigung schnell zusammenbrechen lassen und Angst vor Entdeckung hervorrufen.

Besonders in beruflicher Hinsicht erleben Analphabeten eine Diskriminierung schon dadurch, dass ihnen der Zugang zu vielen Tätigkeiten von vornherein verwehrt bleibt. Wenn sie Arbeit finden, so ist diese eher niedrig bezahlt und so ist Armut eine Folgeerscheinung des Analphabetismus. Aber auch von dem umgekehrten Fall, nämlich von der Flucht vor einer möglichen Beförderung, die Schriftsprachkompetenz voraussetzt, ist in der Forschungsliteratur die Rede.

Äußere und innere Desorientierung

Gefühle der Angst, Scham und Unsicherheit beherrschen auch das soziale Leben, sodass viele Analphabeten ein Bedürfnis nach Anonymität haben und sich entsprechend verhalten. So geraten sie in die soziale Isolation, die schon damit beginnt, dass sie buchstäblich im schriftsprachlichen Austausch keine Adresse haben und daher übergangen werden. Aus zahlreichen Aktivitäten und Kontakten ziehen sich Analphabeten zurück und hegen grundsätzliches Misstrauen bei neu beginnenden Beziehungen. Eine gesellschaftliche Isolation kann nicht ohne gravierende Auswirkungen auf die Persönlichkeit des Einzelnen bleiben. Subjektiv empfindet er sein tägliches Leben als leidvoll und wirkt darum nicht nur äußerlich, sondern auch innerlich desorientiert. Dies wirkt sich auch in Form von psychosomatischen Erkrankungen oder einer grundsätzlich angespannten inneren Verfassung aus.

Schriftsprachliche Kompetenzen als Voraussetzung geistiger Leistungen

Analphabetismus zieht Einschränkungen in der Leistungsfähigkeit in mehreren Bereichen nach sich. So sind hier neben den kommunikativen und sozialen auch geistige Kompetenzen zu nennen, die durch die Fähigkeit zum Lesen und Schreiben erst möglich werden und die der Analphabet darum einbüßt. Die wohl wichtigste solcher Fähigkeiten ist die zum reflexiven Denken, die durch den Umgang mit Literatur erst begründet und vorangetrieben wird.[1] Jemand, der nicht lesen und schreiben kann, erlebt das Geschehen gleichsam unmittelbar, weil sich Sprache und Denken bei ihm simultan vollziehen. Dagegen kann derjenige, der der Schriftsprachlichkeit mächtig ist, das Erlebte sprachlich quasi auf geistige Distanz zu sich bringen und es in einem zweiten Schritt, wiederum durch Sprache, kognitiv verarbeiten. Im Medium der Sprache kann er es beschreiben, analysieren, definieren oder kategorisieren und es damit zu einem inneren Text machen, der auch dann abrufbar ist, wenn das Geschehene längst vergangen ist. Auf diese Weise kann der Alphabetisierte von dem Erlebten abstrahieren und es ggf. neu ordnen oder gewichten, wenn Grund dazu besteht. Diese Möglichkeiten bedeuten für den Einzelnen buchstäblich ein größeres Selbstbewusstsein, das durch das Gefühl genährt wird, nicht unkontrolliert vom Geschehen überwältigt zu werden, sondern Wahlmöglichkeiten zur Verfügung zu haben. Es entsteht ein geistiger Innenraum, den der Literarisierte mit dem füllen kann, was er sich geistig aneignet. Darüber hinaus bleibt für ihn das, was von dem Geschehenen als Kategorie oder Erkenntnis angeeignet wurde, dauerhaft im Kopf.

Abstraktionsfähigkeit und Selbstbewusstsein

Dies alles gilt für den Analphabeten nicht, und deshalb hat er beispielsweise auch Schwierigkeiten damit, eine Vorstellung von etwas im Kopf zu haben und etwas anderes auszusprechen. Dies äußert sich konkret auch in der Unfähigkeit zur vorsätzlichen Irreführung bzw. Lüge. Auch hat er das Gefühl, dem Geschehen preisgegeben zu sein, und sieht geringe Möglichkeiten, selbst darin wirksam zu werden. Für den Analphabeten verflüchtigt sich das Geschehen ebenso schnell wieder wie das gesprochene Wort, weil

Einschränkungen geistiger Fähigkeiten durch Analphabetismus

---

[1] Die Darstellung erfolgt hier nach: Sanders, Barry: Der Verlust der Sprachkultur. Aus dem Amerikanischen von Kurt Neff. Frankfurt a. M. ³1995

ihm die Fähigkeit zur Analyse fehlt. Ein kritisches Gewahr-werden tieferer Sinnschichten vollzieht sich nicht, nicht zuletzt, weil nur konkrete, nur auf das Tun bezogene Denk-weisen vorherrschen, dem abstrahierende Oberbegriffe fehlen. Ebenso wenig kommt es zu einem Bewusstsein für die Auswirkungen oder die Tragweite von Taten, weil sie nicht durch Sprache geistig verarbeitet wurden. Aus den Ausführungen wird die enorme Bedeutung ersichtlich, die die Kenntnis von Schriftsprachlichkeit für die Kategorien des Gewissens und des Selbstverständnisses bzw. der Iden-tität hat.

Hanna als Analphabetin: Flucht vor und Faszination von Buchstaben

Die Auswirkungen des Analphabetismus, wie sie hier dar-gestellt wurden, lassen sich vielfach an Hanna Schmitz und ihrem Verhalten sowohl während ihrer Liebesbeziehung mit Michael als auch vor Gericht aufzeigen. Dagegen zeigt sich an Michaels Reflexionsprozessen und an seiner Bil-dungsbiografie, aber auch an Hannas innerer Wandlung durch ihre Alphabetisierung im Gefängnis das Gegenteil, denn hierin bewahrheitet sich die Leistung des Lesens und Schreibens. Auffällige Symptome für Hannas vertuschen-des und vermeidendes Verhalten sind beispielsweise ihr Wunsch nach dem Vorlesen, das Delegieren der Organisa-tion der Fahrradtour an Michael, ihr häufiger Wohnort-wechsel und die Flucht vor beruflichen Beförderungen. Während sie einerseits vor der Welt der Buchstaben flüch-tet, ist sie andererseits auch von ihr fasziniert, und so schreitet sie ehrfurchtsvoll die Regale mit Büchern ab, als sie Michael in der Wohnung seiner Eltern besucht, und wünscht sich, er solle auch einmal Autor werden.

Eingeschränkte geistige und soziale Fähig-keiten

Hannas soziales Leben wird von ihrer Schwäche dominiert, denn sie isoliert sich so stark, dass Michael niemals von je-mandem erfährt, der ihr nahesteht, und auch nicht weiß, was sie neben ihrem Beruf und den Treffen mit ihm in ihrer Freizeit macht. Die Ursache dafür liegt auch in ihrem grundsätzlichen Misstrauen, mit dem sie Michael sogar

noch zu einem Zeitpunkt begegnet, an dem sie bereits
mehrfach mit ihm geschlafen hat. Die Gespräche mit ihm,
die oftmals im Streit enden, durch starke Affekte ihrerseits
geprägt sind und in denen sie sehr widersprüchlich argumentiert, offenbaren ihre geringe kommunikative Kompetenz, die mit ihrem Analphabetismus in einem Zusammenhang gesehen werden muss. Ihre Angst vor Entdeckung
und vor neuartigen Situationen zeigt sich am stärksten
während der Episode auf der gemeinsamen Radtour mit
Michael. Als er sie allein lässt, um Frühstück zu holen, äußert sich ihre Hilflosigkeit in einem Akt der Brutalität, und
sie schlägt ihn mit ihrem Gürtel. Verheerende Auswirkungen hat ihr Analphabetismus vor Gericht. So kann sie sich
nicht ausreichend auf den Prozess vorbereiten, weil alle
dafür notwendigen Dokumente schriftlich verfasst sind. In
den Verhören wirkt sie desorientiert und hochmütig, weil
sie weder gedanklich noch sprachlich taktieren kann. Noch
gravierender jedoch ist, dass sie nicht über das kritische
Reflexionsniveau verfügt, um Einsicht in die Schwere ihrer
Vergehen zu erlangen. Dies geschieht erst im Zuge ihrer
Alphabetisierung im Gefängnis, durch die sie intellektuell
und persönlich – wenn dies auch für ein erfolgreiches Leben zu spät kommt – reift.

Michael dagegen kommt aus einem Elternhaus, in dem literarische Bildung ebenso wie eine moralische Erziehung
wichtige Rollen spielen. Mit Hannas Gewaltausbruch und
ihrem unkontrollierten Weinen auf der gemeinsamen Fahrradtour kann er nicht umgehen, weil er von zu Hause ge-
wöhnt ist, Konflikte kommunikativ zu bearbeiten und zu
lösen. Damit jedoch stößt er bei der weitgehend in dieser
Hinsicht „sprachlosen" Hanna auf seine Grenzen. Durch
die Kenntnis verschiedener Lektüren eignet sich Michael
geistige Kategorien an, um das Erlebte – in seinem Fall die
Liebe zu einer älteren Frau sowie seine Tätigkeit als Rechtshistoriker – verarbeiten, einordnen und gestalten zu kön-

Michaels
Bildungsbiografie
als Gegenbild

nen. Damit wird die Literatur für ihn lebensbestimmend und regt ihn nicht nur zu umfassenden Reflexionsprozessen über persönliche, aber auch ethische und philosophische Fragen an, sondern inspiriert ihn später auch zum schöpferischen Selbsttun in Form der Autorschaft.

„Manchmal drängte es mich selbst weiterzulesen." – von der Bedeutung der Literatur im Roman „Der Vorleser"

Die Literatur und ihre Funktionen innerhalb des Erzählganzen

Der Titel des Romans weist den Leser bereits darauf hin, dass der Literatur und dem Vorlesen eine zentrale Bedeutung zukommt. Sie erschöpft sich nicht allein in der Rolle Michaels als „Vorleser" bestimmter Werke, sondern erstreckt sich weiter auf die vorgelesenen Werke. Denn diese sind nicht beliebig, sondern haben Verweischarakter und dienen damit einem vertiefenden Verständnis der Handlung sowie der Figuren. Die vielfältigen Bezüge zu anderen literarischen Werken fordern den Leser auf, sich nach der Funktion zu fragen, die die Nennung des jeweiligen Buches in Bezug auf die Romanhandlung gerade hat. Infrage kommen eine Spiegelungs- oder eine Kontrastfunktion, die Übernahme eines wichtigen erzählerischen Motivs in die Gestaltung der Romanhandlung oder die Möglichkeit einer geistigen Auseinandersetzung der Protagonisten mit ihrem Leben. Zuletzt ist Literatur auch das Medium, mit dem Michael sich selbst mitteilt, indem er als Autor seine persönliche Geschichte literarisiert und auf diese Weise verarbeitet. Gleich mehrfach tauchen Parallelen zwischen der Romanhandlung und der „Odyssee", einem Epos des griechischen Dichters Homer über die Irrfahrten und die Heimkehr des Helden Odysseus nach seiner Teilnahme am Trojanischen Krieg, auf. Das Werk ist so weitreichend rezipiert und variiert worden, dass der Titel sprichwörtlich für eine

Homers Epos „Odyssee" als Leitmotiv

Salvator Rosa (1615 – 1673): Odysseus und Nausikaa

lange Irrfahrt steht und der Held, Odysseus, als Prototyp
für einen listigen, suchenden und einsamen Menschen, der
bei seiner Heimkehr die vertraute Welt nicht mehr so vorfindet, wie er sie verlassen hat. Die „Odyssee" ist schon in
der Schulzeit Michaels Lieblingswerk. Er findet sich sowohl
in der griechischen Originalversion als auch in der deutschen Übersetzung mühelos jederzeit zurecht. Mit dem
Helden Odysseus identifiziert er sich hinsichtlich seiner un-

steten und nach Heimat und Identität suchenden Lebenssituation. Die Übertragung des Erzählten auf sein momentanes Erleben geht so weit, dass er sich fragt, ob er in der Gestalt der Nausikaa[1] lieber Hanna oder Sophie sehen will (vgl. S. 66), und später, beim Nachdenken über die Rechtsgeschichte, deren Verlauf mit dem der „Odyssee" gleichsetzt (vgl. S. 173). Auch über der Trauer angesichts seiner privaten Sackgassen, wie etwa der Scheidung von Gertrud, kehrt er zur „Odyssee" zurück und beginnt nun damit, sie für Hanna laut auf Tonkassetten vorzulesen. Auffällig ist allerdings, dass sich Michaels Deutung des Epos „Odyssee" im Laufe seines Lebens verändert, denn während er in ihm zunächst die „Geschichte einer Heimkehr" sieht, so erschließt sich ihm später, dass es sich vielmehr um die „Geschichte einer Bewegung" (S. 173) handelt, welche nicht an ein endgültiges, vollkommenes Ziel gelangt, sondern stattdessen auch widersprüchliche Momente („zugleich zielgerichtet und ziellos, erfolgreich und vergeblich", S. 173) in sich vereint.

„Emilia Galotti" und „Kabale und Liebe" – Spiegelungs- und Kontrastfunktion

Weitere für das Verständnis zentrale Werke sind die aufklärerischen Dramen „Emilia Galotti" von Gotthold Ephraim Lessing und „Kabale und Liebe" von Friedrich Schiller. Gemeinsam ist ihnen eine weibliche Hauptfigur (Emilia Galotti bzw. Luise Millerin), die bemüht ist, im Spannungsfeld politischer und gesellschaftlicher Interessen ihre moralische Integrität zu wahren, und hierfür schließlich stirbt. Michael beginnt seine Rolle als „Vorleser" mit diesen beiden Werken und besucht schließlich später gemeinsam mit Hanna einmal das Theater in der Nachbarstadt, um sich Schillers Stück „Kabale und Liebe" dort anzusehen (vgl. S. 69). Eine inhaltliche Parallele zwischen diesem Stück und dem Roman „Der Vorleser" besteht in der Personenkon-

---

[1] Nausikaa: eine Königstochter, die den schiffbrüchigen Odysseus rettet und ihm wieder neue Kraft für seine Weiterfahrt ermöglicht

Emilia Galotti und ihr Ringen um moralische Integrität (Stadt-
theater Führt)

stellation, denn hier wie dort geht es um eine eigentlich
„unmögliche" Liebe zwischen ungleichen Partnern. Während hierin eine Spiegelungsfunktion zu sehen ist, sind die
beiden Protagonistinnen in ihrer Sensibilität und ihren tief
empfundenen moralischen Problemstellungen eindeutig
Kontrastfiguren zu Hanna. Besonders deutlich wird der Abstand zu ihnen darin, dass Hanna ihre Konflikte nicht nachvollziehen kann, sie entsprechend lediglich als „dumme
Gören" (S. 43) abqualifiziert und nur hofft, dass sich ihre
Torheit im weiteren Handlungsverlauf legen möge. Die
beiden Figuren in ihrem Streben nach menschlicher Vervollkommnung und ihrer Opferbereitschaft stellen somit
Gegenfiguren (Antithesen) zur Hanna-Figur dar.
Spiegelungs- und Kontrastfunktion hat des Weiteren auch
die Novelle „Aus dem Leben eines Taugenichts" von Jo-
seph von Eichendorff. In ihr wird von einem umherziehen-
den Vagabunden erzählt, der allerlei Wundersames erlebt
und sich in eine Frau verliebt, deren Identität ihm bis zum
Schluss unbekannt ist. Während die Liebe eines jungen
Mannes zu der geheimnisvollen Frau Ähnlichkeiten mit Michaels Liebe zu Hanna aufweist und diese damit spiegelt,
kontrastiert die romantische Welt- und Lebensauffassung

„Aus dem
Leben eines
Taugenichts"

des „Taugenichts" mit der starren Arbeits- und Pflichtmoral Hannas. Entsprechend ungehalten nimmt sie ihm „übel, daß er ein Taugenichts ist, nichts leistet, nichts kann und auch nichts können will" (S. 56).

Die Werke, die nicht zum Gegenstand des Vorlesens werden, sondern die Hanna und Michael nur für sich lesen, übernehmen für beide jeweils noch eine andere Funktion.

Verstehen des eigenen Lebens durch Literatur So ist auffällig, dass Michael beim Nachdenken über seine Beziehung zu Hanna als einer wesentlich älteren Frau Werke aus der Weltliteratur in den Sinn kommen, in welchen eine ähnliche Personenkonstellation geschildert wird. So nennt er Stendhals Roman „Rot und Schwarz", Thomas Manns Roman „Die Bekenntnisse des Hochstaplers Felix Krull" und die Biografie Goethes, welcher eine intensive Beziehung mit der älteren Freifrau Charlotte von Stein pflegte. Die Parallelen zu seiner eigenen Lebenssituation, die er in der Literatur findet, helfen ihm dabei, seine eigene Liebe zu Hanna zu verarbeiten und zu durchdenken. Auch stellen die literarisch ausgestalteten Liebesbeziehungen für ihn eine Möglichkeit dar, sich diese Fremderfahrungen in einer Weise zu eigen zu machen, dass diese fremden Figuren für ihn als Ersatz für den fehlenden Austausch mit realen Personen fungieren können. Je nachdem, ob in der Literatur die Geschichten tragisch enden oder gut ausgehen, kann Michael an ihnen sich auch die Perspektiven ausmalen, die seine Beziehung zu Hanna hat. Die gleiche Funktion einer geistigen Auseinandersetzung mit dem eigenen Leben übernehmen für Hanna die Werke, die sie schließlich im Gefängnis liest, sobald sie dies gelernt hat. Um sich im Nachhinein zu vergewissern, was im Dritten Reich geschehen ist, welche Rolle sie selbst darin übernommen hat und wie die Opfer darunter gelitten haben, liest sie wissenschaftliche Literatur sowie autobiografische Berichte der Täter und Opfer.

Zuletzt plant der erwachsene Michael, inzwischen selbst Autor, die Geschichte zu schreiben, die er mit Hanna erlebt hat, und zeigt damit noch eine weitere Funktion auf, die Literatur übernehmen kann. Wenn er über den Entstehungsprozess reflektiert, so wird deutlich, dass ihn dabei mehrere persönliche Motive umtreiben. Während er die Geschichte zuerst schreiben will, um sie damit loszuwerden, will er sie anschließend, als er sie zu vergessen droht, durch das Schreiben zurückholen. Beides klappt jedoch nicht. Erst als er seinen Frieden mit ihrer beider Geschichte gemacht hat, stellen sich die Erinnerungen so ein, wie er sie zum Schreiben benötigt. Literarisierung der persönlichen Vergangenheit bedeutet für Michael, auszuwählen aus der Fülle des realen Erlebens und dieses nachträglich im Kopf zu gestalten, um aus „Bildern, Handlungs- und Gedankenfetzen" (S. 205) letztlich ein Ganzes zu verfassen, das schließlich „rund, geschlossen und gerichtet" (S. 206) wirkt. Hier wird deutlich, dass Literatur auch dazu dienen kann, sich zu vergewissern, wer man ist, dabei geistig produktiv zu sein und im Schreiben gleichermaßen psychischen wie intellektuellen Bedürfnissen nachzugehen.

Schreiben aus psychischen und intellektuellen Bedürfnissen

„Sollen wir nur in Entsetzen, Scham und Schuld verstummen? Zu welchem Ende?" – Deutschland als Täternation und die Folgen für das kollektive Identitätsgefühl

Die im Roman „Der Vorleser" erzählte Liebesgeschichte zwischen einer NS-Täterin und einem Deutschen der zweiten Generation lässt sich als eine Parabel auf das „deutsche Schicksal" (S. 163) verstehen. Worin aber besteht genau dieses Schicksal und warum trägt Michael ganz offenbar so schwer daran, Deutscher zu sein?

Der Roman „Der Vorleser" als Parabel auf das „deutsche Schicksal"

Das Tätertrauma der Deutschen nach Zusammenbruch des Dritten Reiches

Der Völkermord an den europäischen Juden und seine Folgen für die nationale Identität der Deutschen

Eine Erklärung dafür findet sich in der Tatsache, dass sowohl das Fremd- als auch das Selbstbild der Deutschen entscheidend von der Tatsache bestimmt wird, eine „Täternation"[1] und als solche verantwortlich für die planmäßige Ermordung von Millionen europäischer Juden zu sein.[2] Dieses Verbrechen gegen die Menschlichkeit ist von so beispiellos weitreichenden Ausmaßen, dass es als einmaliger Zivilisationsbruch bezeichnet und schwerlich mit anderen Untaten in der Geschichte verglichen werden kann. Das heutige Selbstverständnis und der politische Umgang mit der eigenen Geschichte können davon nicht unberührt bleiben; im Gegenteil ist der Völkermord an den europäischen Juden in der öffentlichen Auseinandersetzung über die deutsche Nation und deren Schuld beständig präsent. Nicht die Taten Einzelner, sondern des Kollektivs der Deutschen, die, wenn sie nicht als willige Vollstrecker gehandelt, so doch als Zuschauer zu wenig getan haben, um Auschwitz zu verhindern, kamen beim Zusammenbruch des NS-Regimes 1945 ans Licht und bewirkten Schuld- und Schamgefühle von traumatischen Ausmaßen. Diese betrafen nicht nur die tatsächlich Beteiligten, sondern griffen auch auf die Nachgeborenen über, die als Kinder oder Enkel erleben mussten, dass von ihnen geliebte oder geschätzte Personen in schreckliche Verbrechen involviert waren. Sie gerieten nicht nur in die Zwickmühle der Gefühle zwischen fortwährender Sympathie und radikaler

---

[1] Die Rechtmäßigkeit des Begriffs „Täternation" ist umstritten, weil er auf der Vorstellung einer kollektiven Schuld basiert. Dennoch wird er hier gebraucht, um die zugrunde liegende Problematik zu verdeutlichen.

[2] Die Überlegungen fußen auf folgender Arbeit: Giesen, Bernard: Das Tätertrauma der Deutschen. Eine Einleitung, in: Tätertrauma. Nationale Erinnerungen im öffentlichen Diskurs. Hg. v. Bernhard Giesen und Christoph Schneider. Konstanz 2004, S. 11 ff.

Ablehnung, sondern konnten oft auch die tatsächliche Rolle nicht überblicken, die ihre Eltern oder andere Verwandte im Dritten Reich spielten, weil diese sich einem Rechenschaftsdialog unmittelbar nach dem Krieg weitgehend entzogen.

Phasen des Umgangs der Deutschen mit ihrer schuldhaften Vergangenheit

Das Schweigen der Verantwortlichen führte einerseits dazu, dass im öffentlichen Diskurs die persönliche Verantwortung und die massenhafte Beteiligung am Morden tabuisiert wurde und in der Folge von den konkreten Tätern als handelnde Individuen keine Rede war. Wenn dennoch vom Massenmord an den Juden geschrieben und gesprochen wurde, so geschah dies meist in einem passiv umschreibenden Jargon, der den Taten ihre Konkretion und den Tätern ihre willentliche Verantwortung für ihr Handeln absprach. Auf diese Weise konnte suggeriert werden, dass Hitler nachgerade eine dämonische Macht ausgeübt hätte, welcher die Deutschen als unschuldige Opfer erlegen seien. Mit derartigen psychischen Abwehrmechanismen entlasteten sich die Schuldigen selbst.

Schweigen und Abwehr als erste Reaktion auf das nationale Trauma

Dies konnte so weit führen, dass es im Bewusstsein der Deutschen zu einer Umkehrung der Rollen von Opfern und Tätern (einer sogenannten „Täter-Opfer-Inversion") kam, die dazu führte, dass sich die eigentlichen Kriegsverursacher für die Zerstörungen ihrer Städte, die Verluste in den eigenen Reihen oder für die Besatzung ihres Landes selbst bemitleideten, dabei aber kein Wort über die historischen Ursachen oder das unvorstellbar viel größere Leid ihrer Opfer, insbesondere der Juden, verloren. Die Psychologen Alexander und Margarete Mitscherlich untersuchten diese zeittypischen Verhaltensweisen der Nachkriegsgesellschaft in ihrer Studie mit dem aussagekräftigen Namen „Die Unfähigkeit zu trauern" (1967). Sie zeigten, dass die Deutschen sich mit ihrem Verdrängungsverhalten der konkreten Erinnerung und der Trauer über das selbst verschuldete Elend entzogen. Für die Nachgeborenen hieß dies, dass sie zwar historisch korrekt die Ereigniskette bis zur industriellen Menschenvernichtung rekonstruieren konnten, auf der persönlichen Ebene aber nur diffuse Ahnungen über die konkrete Schuldverstrickung ihrer Vorfahren hatten. Psychologen, die sich mit den Täterkindern intensiv befassten, zeigten, dass diese hierdurch unter irrationalen Schuldgefühlen litten und das Stigma ihrer kollektiven Identität als Deutsche zwar fühlen, nicht aber akzeptieren konnten.[1]

Die Zerrissenheit zwischen der Angst vor einem möglichen Rückfall und dem Bemühen, von der Vergangenheit loszukommen („Schlussstrich-Mentalität"), hatte weitreichende individuell-psychologische sowie politische Folgen für die Deutschen. Für den öffentlichen Bereich lässt sich zeigen, dass sich die Auseinandersetzung mit dem Nationalsozialismus in verschiedenen Phasen vollzog, die von der zeitlichen Nähe, vom Grad der Bewusstwerdung sowie von der psychischen Bereitschaft zur Auseinandersetzung mit Schuld abhängig waren.

Dem großen Schweigen und der inneren Abwehrhaltung zur Vermeidung von Schuld- und Trauergefühlen folgte der Wunsch der 68er-Bewegung nach einer Benennung von Schuld und einem radikalen Neuanfang. Vorwürfe dergestalt, dass sowohl Täter als auch anderweitige Unterstützer des NS-Regimes in der bundesrepublikanischen Gesellschaft weiterhin wichtige öffentliche Rollen einnahmen, wurden laut und zerstörten die Illusion, nach 1945 habe es

Randnotizen:

Die Folge: irrationale Schuldgefühle bei den Nachgeborenen

Die 68er-Bewegung – Bewusstwerdung als nächste Stufe der Auseinandersetzung

---

[1] Vgl. hierzu besonders die Arbeiten eines israelischen Psychologen: Bar-On, Dan: Die Last des Schweigens. Gespräche mit Kindern von Nazi-Tätern. Reinbeck bei Hamburg 1996 sowie „Da ist etwas kaputtgegangen an den Wurzeln." Identitätsformation deutscher und israelischer Jugendlicher im Schatten des Holocaust. Hg. v. Bar-On, Dan et al., Frankfurt/New York 1997.

einen demokratischen Neuanfang gegeben. Der Verdacht eines nicht beseitigten faschistischen Erbes führte zur Stigmatisierung der Vätergeneration, die nunmehr als Kollektiv gesehen und generalisierend verdächtigt wurde. An den hitzigen öffentlichen Diskussionen lässt sich der Wunsch der jungen Generation zeigen, ihre eigene nationale Identität durch Abgrenzung von den Vätern zu gewinnen. Die Erstarkung linksradikaler Bewegungen, die allerdings teilweise auch antidemokratische und gar terroristische Formen annahmen, war eine der Folgen. Obwohl die Schuld nun nicht länger verschwiegen wurde, so lässt sich doch weiterhin die Tendenz, sie nach außen zu verlagern und sich von ihr abzugrenzen, festhalten.

Dies änderte sich erst, als Vertreter der deutschen Öffentlichkeit damit begannen, nationale Schuld auf sich zu nehmen. Ein solcher Gestus ist etwa der berühmt gewordene Kniefall des damaligen Bundeskanzlers Willy Brandt am Warschauer Getto-Denkmal 1970. In dieser spontanen Geste der Selbsterniedrigung zeigt sich die Bereitschaft, stellvertretend

Öffentliches Schuldbekenntnis – der Kniefall Willy Brandts als nächster Schritt der Auseinandersetzung

Der Kniefall Willy Brandts vor dem Denkmal im Warschauer Getto – öffentliches Bekenntnis zur nationalen Schuld

Schuld auf sich zu nehmen und der wahren Opfer zu gedenken. In der internationalen Presse wurde dieses Ereignis als ein Meilenstein für Deutschland gewertet, um wieder in den Kreis geachteter Nationen eintreten zu dürfen, zumal öffentliche Rituale und Gedenkfeiern mit tausendfacher Beteiligung deutscher Bürger folgten.

Intellektuell ausgetragene Kontroversen um geeignete Formen des Erinnerns

Die Folgezeit, d. h. die Siebziger- und Achtzigerjahre, zeichnete sich durch eine intensive wissenschaftliche und künstlerische Auseinandersetzung mit dem historischen Erbe aus. Allerdings lösten die Erzeugnisse in Form von Forschungsprojekten, Literatur, Ausstellungen, Film- und Fernsehbeiträgen oder Denkmalsbewegungen auch oftmals Konflikte aus. Intellektuell ausgetragene Diskurse, etwa der sogenannte „Historikerstreit" um die Frage, ob es sich bei der Massenvernichtung der Juden im Dritten Reich um etwas Singuläres handelt oder ob ein Vergleich zu Verbrechen anderer Zeiten und Völker gerechtfertigt ist, entbrannten und wurden weithin rezipiert. Hinzu kamen oftmals kontrovers geführte Auseinandersetzungen um die Art und Weise des Erinnerns, ausgelöst etwa durch die Wehrmachtsausstellung[1], die die Verbrechen deutscher Soldaten schonungslos offenlegte, oder durch die Planungen für ein Holocaust-Mahnmal in Berlin. Auch aktuellere Kontroversen, wie sie sich etwa an einer Rede von Martin Walser in der Paulskirche 1998 entzündeten, zeigen die hohe Sensibilität des Themas und das noch immer nicht bewältigte Tätertrauma der Deutschen. Martin Walser hatte in einer Rede anlässlich der Verleihung des Friedenspreises des deutschen Buchhandels eine „Instrumentalisierung des Holocaust"[2] abgelehnt und davor gewarnt, Auschwitz als

---

[1] Wanderausstellung des Hamburger Instituts für Sozialforschung, 1995–1999, 2001–2004

[2] Der Wortlaut der Rede findet sich auf folgender Internetseite: www.hdg.de/lemo/html/dokumente/WegeInDieGegenwart_redeWalser ZumFriedenspreis/ (Stand: 14.11.2012)

Phasen der Auseinandersetzung mit dem nationalsozialistischen Erbe

Schweigen/Verdrängen,
„Die Unfähigkeit zu trauern",
Dialogverweigerung

68er-Generation:
öffentlicher Protest,
Ruf nach juristischer Aufarbeitung/Benennung
und Kennzeichnung von Schuldigen,
Erstarken linksradikaler Bewegungen infolge
des Wunsches nach Umkehr und Neuanfang

öffentliches Schuldbekenntnis
(z. B. durch den Kniefall Willy Brandts vor dem
Denkmal im Warschauer Getto),
intellektuell geführte Auseinandersetzungen um
einen angemessenen Umgang mit Auschwitz

eine Art „Moralkeule" zu benutzen, um den Deutschen wehzutun oder politische Forderungen durchzusetzen. Der Widerspruch des damaligen Vorsitzenden des Zentralrates der Juden, Ignatz Bubis, der hierin eine Schlussstrich-Mentalität und den Willen zum Wegsehen sah, und die hierdurch ausgelöste Diskussion zwischen beiden führte dazu, dass der Schlagabtausch heute als die „Walser-Bubis-Debatte" bezeichnet wird.

Spuren des deutschen Tätertraumas im Roman „Der Vorleser"

Im Roman lässt sich das problematische Erbe der Vergangenheit in der Figur Michael, seiner Gefühlslage und seinen Reflexionen wiederfinden. Deutlich formuliert er diesbezügliche Gedanken unter Rückgriff auf die öffentlich geäußerten Argumente folgendermaßen: „Was sollte und soll meine Generation der Nachlebenden eigentlich mit den Informationen über die Furchtbarkeiten der Vernichtung

Michael und sein Leiden am nationalen Erbe

der Juden anfangen? Wir sollen nicht meinen, begreifen zu können, was unbegreiflich ist, dürfen nicht vergleichen, was unvergleichlich ist, dürfen nicht nachfragen, weil der Nachfragende die Furchtbarkeiten, auch wenn er sie nicht in Frage stellt, doch zum Gegenstand der Kommunikation macht und nicht als etwas nimmt, vor dem er nur in Entsetzen, Scham und Schuld verstummen kann." (S. 99f.) Michael verweigert sich der hier zitierten Forderung, zu verstummen, und schreibt stattdessen seine Geschichte mit dem gegenläufigen Ziel, nämlich über das Belastende zu sprechen. Doch in seinen dabei verfolgten Absichten – schreibend will er seine Geschichte loswerden – spiegelt sich das Leiden an ihr wie auch das Gefühl der Verstrickung. Versuche, das Gewesene zu verstehen, etwa durch den Besuch eines Konzentrationslagers oder durch die Beobachtung des KZ-Prozesses, schlagen fehl, und weder eine emotionale Berührung noch eine konkrete Vergegenwärtigung finden statt. Im Gegenteil fühlt Michael Betäubung und innere Leere angesichts der offenbar gewordenen Schrecken.

Hannas Tendenz zum Verschweigen und Verdrängen als Störfaktor in der Beziehung zu Michael

Als ein vom Tätertrauma betroffener Deutscher erweist sich Michael besonders in der Beziehung zu Hanna.[1] Weil Hanna als Täterin sich durch das Verdrängen und Verschweigen von Schuld selbst entlastet, entstehen in der Beziehung zu Michael Tabuzonen, die sie ihm durch abweisendes Verhalten auf schmerzliche Weise aufzeigt. Darum kann er sie nicht als die Person kennenlernen, die sie ist. Hannas Tendenz zum Verbergen birgt auch einen der Gründe für das Misslingen ihrer Kommunikation und so kommt es oft zum Streit. Die Folge ist, dass Michael Hannas verzerrende Wahrnehmungsweise übernimmt und, weil er sie liebt, auf

---

[1] Vgl. hierzu besonders folgende Arbeit: Moschytz-Ledgley, Miriam: Trauma, Scham und Selbstmitleid. Vererbtes Trauma in Bernhard Schlinks Roman „Der Vorleser". Marburg 2009.

ihre Angriffe mit der Bereitschaft zur Selbsterniedrigung reagiert. Ungestraft lässt er sich von Hanna demütigen und sogar körperlich misshandeln und kann sie dafür nicht ausreichend zur Verantwortung ziehen. Stattdessen fragt er sich, ob sie in ihrem Handeln nicht doch vielleicht recht gehabt habe, „nicht objektiv, aber subjektiv" (S. 48), und nimmt alle Schuld auf sich. Eigene Vergehen werden hingegen von ihm überbewertet; so bezeichnet er die Tatsache, dass er Hanna gegenüber seinen Freunden verleugnet hat, mit dem starken Wort „Verrat[…]" (S. 72). Auch spricht er immer wieder von seiner Schuld, die er zunächst darin sieht, dass er sich bei ihrer Begegnung im Schwimmbad nicht zu ihr bekannt hat (vgl. S. 80 f.), und später darin, eine Verbrecherin geliebt zu haben (vgl. S. 129).

Michaels Selbsterniedrigung und die Überzeichnung der eigenen Schuld

Die Überzeichnung seiner eigenen Vergehen korrespondiert mit einer Entlastung Hannas, mit der er noch während des Prozesses offen sympathisiert und die er bemitleidet, während er ihre Opfer und deren Leiden aus dem Blick verliert. Gefangen in der Erinnerung der vergangenen Liebe ist er unfähig zur Abgrenzung von Hanna und ihren Verbrechen und bleibt dadurch in seiner Wahrnehmung und in seinem Urteil so stark beeinträchtigt, dass die Täterin auch in seinem Bewusstsein zu einem Opfer wird. Eine alternative Sichtweise auf Hanna stellt allerdings das Urteil des überlebenden Opfers dar. Die Frau kennzeichnet ihre damalige Peinigerin schlicht als „brutal" (S. 202) und deckt damit Michaels beschönigende Perspektive auf. Festzuhalten bleibt, dass Schlink in der Figur Michael einen nachgeborenen Deutschen zeigt, dessen Identitätskonstruktion untrennbar mit den Gräueltaten seiner vor ihm geborenen Landsleute verbunden und der in diese schuldhaft verstrickt ist. Letztlich scheitert er in dem Versuch, diese Vergangenheit zu „bewältigen".

Michaels vergeblicher Versuch, das Vergangene zu „bewältigen"

Den Gedanken, dass dies auch gar nicht möglich ist, äußert Schlink an anderer Stelle in einem juristischen Essay über das Thema „Vergangenheitsschuld und gegenwärtiges Recht"[1]. Darin stellt er Möglichkeiten dar, die die Justiz zum Umgang mit der in der Vergangenheit begangenen Schuld hat. Zwar könne man auf juristischem Weg – etwa durch Tribunale (Sondergerichte, z. B. Gerichte des Völkerstrafrechts) oder aber Amnestien (Straferlässe) – eine Erinnerungs- oder eine Vergessenskultur stützen, nicht aber die Vergangenheit in dem Sinne bewältigen, dass sie nicht mehr auf der Gegenwart laste. Stattdessen müsse das Ziel eine Integration des Vergangenen in die Gegenwart sein. Die Forderung erinnert an die Schlusspassage im Roman „Der Vorleser", in welcher Michael einen wehmütigen und zusammenfassenden Blick auf seine Geschichte versucht: „Die Schichten unseres Lebens ruhen so dicht aufeinander auf, daß uns im Späteren immer Früheres begegnet, nicht als Abgetanes und Erledigtes, sondern gegenwärtig und lebendig. Ich verstehe das. Trotzdem finde ich es manchmal schwer erträglich. Vielleicht habe ich unsere Geschichte doch geschrieben, weil ich sie loswerden will, auch wenn ich es nicht kann." (S. 206) Michael erweist sich als Gefangener in dem deutschen Dilemma, eine Vergangenheit in die eigene Identitätskonstruktion integrieren zu müssen, die man lieber abwehren, ungeschehen machen oder verschweigen würde.

Integration des Vergangenen in die kollektive und individuelle Identität – für Deutsche leistbar?

---

[1] Vgl. Schlink, Bernhard: Vergangenheitsschuld und gegenwärtiges Recht. Frankfurt a. M. 2002.

„Daß sie schuldig, aber nicht so schuldig war, wie es den Anschein hatte." – die Schuldproblematik und ihre Darstellung im Roman „Der Vorleser"

Das im Titel verwendete Zitat stammt aus Michaels Überlegungen über seine einstige Geliebte und beinhaltet ein relativierendes Urteil über das Ausmaß und die Schwere der Schuld, die sie als ehemalige KZ-Aufseherin auf sich geladen hat. Zugleich entspricht es einer zentralen Erzählintention Schlinks, der nicht in erster Linie eine monströse NS-Täterin, sondern einen schuldig gewordenen Menschen darstellen will, der die eigene Tat in ihrer Tragweite nicht einmal völlig verstehen kann. Diese Konstruktion wiederum wirft die Frage nach einem angemessenen Umgang mit den Schuldigen auf, die umso schwieriger zu beantworten ist, je näher man diesem Menschen steht. Denn, so der Autor, eine geringere Distanz könne erst das Bedrängende des Schuldthemas bewusst machen, wohingegen die Überzeichnung von Tätern als Monster als Schutz vor einer wirklichen Konfrontation mit ihnen diene.[1]

Relativierung von Hannas Schuld als zentrale Erzählintention

Einer derartigen Abwehrhaltung zu entgehen und statt des selbstgerechten Fingerzeigs auf die Schuldigen die schamvolle eigene Verstrickung in verbrecherisches Tun einzugestehen ist die Lernaufgabe des Erzählers. Der Weg dorthin führt über eine Problematisierung des Schuldbegriffes, der dem Leser im Roman in seinen verschiedenen Dimensionen begegnet. Der Philosoph Karl Jaspers (1883–1969) hat eine Begriffsbestimmung von „Schuld" vor dem Hintergrund der deutschen Verbrechen vorgenommen. Er benennt vier Dimensionen, die juristische, politische, moralische und metaphysische Schuld, und zeigt damit auf, wie

Mehrdimensionalität des Schuldbegriffs

---

[1] Vgl. hierzu: Köster, Juliane: Bernhard Schlink. Der Vorleser. München 2000, S. 63.

komplex der Schuldbegriff ist.[1] Wichtig ist auch, dass an seinem Kategorisierungsversuch deutlich wird, dass das Phänomen „Schuld" eine Innen- und eine Außenperspektive hat, denn während sich die beiden erstgenannten Aspekte der Schuld auf die Frage konzentrieren, wie die Außenwelt mit – in diesem Falle Deutschlands – Schuld umgehen kann, etwa durch Verurteilung von Einzelpersonen oder durch Entschädigungszahlungen an die anderen Nationen, so befassen sich die beiden zweitgenannten Aspekte mit der Frage, wie einerseits das Schuldgefühle im Innern des Menschen und andererseits sein Moralgefühl entstehen. Aus der Kategorisierung folgt, dass sich verschiedene Disziplinen mit einer je anderen Fragestellung an den Schuldbegriff angenähert haben. Im Folgenden sollen die Zugangsweisen der Justiz, der Philosophie, der Entwicklungspsychologie und der Religion auf das Schuldthema kurz skizziert und anschließend auf den konkreten Fall der Hanna Schmitz bezogen werden.

Der Schuldbegriff in der Justiz – Vorwerfbarkeit der Tat

„Schuld" in der Justiz – die strafrechtliche Dimension

In der Justiz bildet das Schuldprinzip eines der Grundprinzipien des Strafrechts. Jemanden juristisch zu belangen und zu bestrafen setzt dessen Schuldfähigkeit voraus, die dann zustande kommt, wenn ihm die Tat persönlich und individuell zugerechnet werden kann. Gründe, die einer solchen Zurechnungsmöglichkeit entgegenstehen – resultierend etwa aus dem Alter des Täters oder aus dessen Mangel an Einsichts- und Steuerungsfähigkeit –, müssen als schuldmindernd anerkannt werden. Nur dann, wenn diese Einschränkungen ausgeschlossen werden können,

---

[1] Vgl. Grätzel, Stephan: Schuld – der blinde Fleck der Ethik. Dimensionen des Schuldbegriffes, in: Schuld. Interdisziplinäre Versuche ein Phänomen zu verstehen. Hg. v. Stefan Beyerle, Michael Roth und Jochen Schmidt. Leipzig 2009, S. 30.

kann man dem Täter seine Tat vorwerfen und ist er schuldig. Vor Gericht geht es um das strafrechtlich relevante Verhalten des Täters und daher um die Frage, ob er rechtswidrig gehandelt hat, obwohl er nach seinen Fähigkeiten und unter den konkreten Umständen der Tat in der Lage war, rechtmäßig zu handeln. Als ein Bestandteil der juristischen Schuld gilt das Unrechtsbewusstsein, das die Einsicht voraussetzt, dass die Tat rechtlich verboten ist. Gegenstand des Vorwurfs ist demnach die Rechtswidrigkeit der Tat und nicht seine moralische Verwerflichkeit.

Bereits vor dem Hintergrund des Schuldbegriffs der Justiz, welcher zunächst klar umrissen und eindeutig wirkt, muss Hannas Fall in zweierlei Hinsicht problematisiert werden. Einerseits ist zu fragen, ob sie die volle Zurechnungs- und Einsichtsfähigkeit in ihr Tun gehabt hat und ob ihre Taten ihr somit in vollem Umfang vorwerfbar sind. Andererseits wird die Aufarbeitung ihrer Schuld im juristischen Sinn dadurch erheblich erschwert, dass Hanna ihre Taten in einer historischen Situation (NS-Zeit) vollzogen hat, in der ihre Verbrechen gegen die Menschlichkeit rein rechtlich legitimiert waren. Somit könnte die Justiz Hanna nach den damaligen Gesetzen nicht belangen, sondern nur rückwirkend vor dem Hintergrund der aktuellen Gesetzgebung. Schuldig im juristischen Sinn wird Hanna neben ihrem Verhalten in ihrer SS-Vergangenheit auch dadurch, dass sie als Erwachsene einen Minderjährigen als Sexualpartner missbraucht. Auch der spätere Jurist Michael Berg verstößt gegen Gesetze, als er Kleidungsstücke für seine Schwester stiehlt, um mit Hanna allein sein zu können (vgl. S. 59).

Problem der rückwirkenden Bestrafung und der mangelnden Einsichtsfähigkeit

Die philosophische Frage nach moralischer Autonomie – Immanuel Kants Vorstellung von Mündigkeit und Verantwortungsfähigkeit

Die philosophische Dimension der Schuld

Auch eine andere, philosophische Dimension der Schuld wird im Roman indirekt angesprochen, indem Michael Hannas Analphabetismus mit „Unmündigkeit" (S. 178) gleichsetzt. In dieser Begrifflichkeit bezieht er sich auf die Forderung des wichtigsten Philosophen der Aufklärung, Immanuel Kant, sich seiner eigenen Vernunft zu bedienen.

Immanuel Kants Schrift „Was ist Aufklärung?"

In seiner Schrift „Was ist Aufklärung?" formuliert er die Ziele der Bewegung in folgenden Worten:

„Aufklärung ist der Ausgang des Menschen aus seiner selbst verschuldeten Unmündigkeit. Unmündigkeit ist das Unvermögen, sich seines Verstandes ohne Leitung eines anderen zu bedienen. Selbstverschuldet ist diese Unmündigkeit, wenn die Ursache derselben nicht am Mangel des Verstandes, sondern der Entschließung und des Mutes liegt, sich seiner ohne Leitung eines anderen zu bedienen. […]

Gründe für das Verbleiben in einem Zustand der Unmündigkeit

Faulheit und Feigheit sind die Ursachen, warum ein so großer Teil der Menschen, nachdem sie die Natur längst von fremder Leitung freigesprochen, dennoch gerne unmündig bleiben. […] Dass der bei Weitem größte Teil der Menschen den Schritt zur Mündigkeit, außerdem dass er sehr beschwerlich ist, auch für sehr gefährlich halte: dafür sorgen schon jene Vormünder, die die Oberaufsicht über sie gütigst auf sich genommen haben. […] Es ist also für jeden einzelnen Menschen schwer, sich aus der ihm beinahe zur Natur gewordenen Unmündigkeit herauszuarbeiten. […]

Forderung nach einem öffentlichen Gebrauch der Vernunft

Zu dieser Aufklärung aber wird nichts erfordert als Freiheit; und zwar die unschädlichste unter allem, was nur Freiheit heißen mag, nämlich die: von seiner Vernunft in allen Stücken Gebrauch zu machen. Nun aber höre ich von allen Seiten rufen: räsoniert[1] nicht! Der Offizier sagt: räsoniert

---

[1] räsonieren: nachdenken, den Verstand benutzen

nicht, sondern exerziert! [...] Der Geistliche: räsoniert nicht, sondern glaubt! [...] Hier ist überall Einschränkung der Freiheit. Welche Einschränkung aber ist der Aufklärung hinderlich? welche nicht, sondern ihr wohl gar beförder-lich? – Ich antworte: der öffentliche Gebrauch seiner Ver-nunft muss jederzeit frei sein, und der allein kann Aufklä-rung unter Menschen zustande bringen [...]. Ich verstehe aber unter dem öffentlichen Gebrauch seiner eigenen Ver-nunft denjenigen, den jemand als Gelehrter von ihr vor dem ganzen Publikum der Leserwelt macht. [...]

Wenn denn die Natur unter dieser harten Hülle den Keim, für den sie am zärtlichsten sorgt, nämlich den Hang und Beruf zum freien Denken, ausgewickelt hat: so wirkt dieser allmählich zurück auf die Sinnesart des Volks (wodurch die-ses der Freiheit zu handeln nach und nach fähiger wird) und endlich sogar auf die Grundsätze der Regierung, die es ihr selbst zuträglich findet, den Menschen, der nun mehr als Maschine ist, seiner Würde gemäß zu behandeln."[1]

Ziel: Verwirk-lichung der Menschenwürde und Freiheit

Die Grundsätze Kants wurden weithin rezipiert, sodass sich hieraus der Begriff der moralischen Autonomie entwickelt hat. Über eine solche verfügt der Mensch als Vernunftwe-sen, das sich von der Bevormundung durch fremde Autori-täten gelöst hat und dadurch erst fähig wird, eine freie Wahl zu treffen und sein Menschsein voll zu verwirklichen. Vor dem Hintergrund dieser Annahmen muss in Hannas Fall danach gefragt werden, ob sie als Analphabetin damals überhaupt fähig zu einer freien Entscheidung gewesen ist. Der Erzähler formuliert sein Urteil selbst: „Analphabetismus ist Unmündigkeit." (S. 178) Von einer autonomen Persön-lichkeit kann bei Hanna also keine Rede sein, und so ist sie in ihrer Wahlfreiheit derart eingeschränkt, dass sie ihre Ta-

Begriff der moralischen Autonomie, deren Hanna nicht fähig ist

---

[1] Kant, Immanuel: Was ist Aufklärung? Hrsg. v. Horst D. Brandt. Ham-burg 1999

ten weder aus freiem Willen ausgeübt hat noch in der Lage ist, Einsicht in ihre Schuld zu erlangen.

Spätere Einsicht in die Schuld durch Bildung? Dies – so suggeriert zumindest der Fortgang der Erzählung – ändert sich erst durch das Lesen- und Schreibenlernen im Zuge ihrer Haft. Denn sogleich setzt sie sich lesend in umfassender Weise mit KZ-Literatur auseinander. Das Erreichen von Mündigkeit im kantschen Sinn zieht eine Einsicht in die Schuldhaftigkeit ihres Tuns nach sich. Der Leser kann dies aus ihrem veränderten Verhalten während der Haft, ihrem Wunsch, dem Opfer das ihr verbliebene Geld zu hinterlassen, sowie aus dem Akt des Suizids selbst ableiten. Ob ein solcher Läuterungsprozess und eine Verwandlung einer weitgehend ungebildeten Frau in eine Intellektuelle (wie es ihre Literaturliste von den autobiografischen Berichten der Opfer und Täter bis zu wissenschaftlicher KZ-Lektüre nahelegt) glaubwürdig ist, muss allerdings als eher zweifelhaft und allzu idealistisch beurteilt werden und wird von manchen Kritikern noch schärfer als zynisch und abscheulich[1] abqualifiziert.

Die Entwicklung des Moralempfindens – ein Beitrag aus der Psychologie zur Bestimmung von Schuld und Schuldbewusstsein

Die Stufentheorie des moralischen Urteils nach Lawrence Kohlberg Einen Versuch, das menschliche Moralempfinden und -urteil entwicklungspsychologisch zu erfassen, machte der amerikanische Psychologe Lawrence Kohlberg. In einer empirischen Studie zeigte er, dass sich die Fähigkeit des Menschen zum gewissenhaften Entscheiden und Handeln stufenweise entwickelt. Voraussetzung für ein komplexer werdendes moralisches Empfinden ist danach die kognitive Kapazität des Einzelnen. Daher können nicht alle Menschen die höchste Ebene des Moralbewusstseins erreichen,

---

[1] Vgl. hierzu: Bierich, Nora: Kulturpornografie, Holo-Kisch und Revisionismus – Der Vorleser kommt ins Kino. www.zeitgeschichte-online.de/por tals/_rainbow/documents/pdf/bierich_vorleser.pdf (Stand: 14.11.2012)

auf deren Basis die Ausrichtung des eigenen Handelns nach allgemeinen ethischen Prinzipien erst möglich wird. Kohlberg unterscheidet drei Ebenen des moralischen Urteils und beschreibt diese in ihrer Bezogenheit auf gesellschaftliche Konventionen.

Die präkonventionelle Ebene, nochmals unterschieden in zwei Niveaus, zeichnet sich dadurch aus, dass sich die Menschen, die sich in diesem Stadium befinden, noch vollständig von ihren Ängsten und ihren eigenen Interessen leiten lassen. In der ersten Stufe wird das Urteil von dem zu erwartenden Lohn oder der Strafe einer höheren Autorität (z. B. den Eltern) abhängig gemacht, deren Macht nicht hinterfragt wird. Dieser Status wird abgelöst durch die zweite Stufe, in welcher die Probanden das Prinzip der Wechselseitigkeit („Ich gebe, damit du gibst") erkennen. Sie sind bereit, etwas für andere zu tun, erwarten dafür aber auch eine Gegenleistung. Umgekehrt sind sie auch der Meinung, sich an denjenigen rächen zu dürfen, die ihnen Schlechtes zugefügt haben.

Die dritte und vierte Stufe machen zusammen die sogenannte konventionelle Ebene aus. Die in der dritten Stufe befindlichen Probanden können zur Einsicht in moralische Erwartungen anderer gelangen und sind bemüht, diesen zu entsprechen. Die Anerkennung von Bezugspersonen, beispielsweise den Freunden, ist ihnen wichtig, und so sind sie bestrebt, Beziehungen zu erhalten. Konformität mit anderen Menschen oder Gruppen ist für sie ein wichtiges Kriterium für das Urteilen und Handeln. In der vierten Stufe werden gesellschaftlich festgelegte Normen, also beispielsweise Gesetze, zum wichtigen Orientierungspunkt. Denn der Proband erkennt jetzt, dass solcherlei Regeln für das Funktionieren eines sozialen Systems wichtig sind – legalistisches Prinzip. Die Fähigkeit zum moralischen Urteil wird abstrakter, weil es nicht mehr an sich selbst oder andere konkrete Personen gebunden ist, sondern an allgemeinen

Die präkonventionelle Ebene –

Orientierung an Lohn und Strafe

Prinzip der Wechselseitigkeit

Die konventionelle Ebene –

Wunsch nach Konformität mit anderen

Anerkennung von Gesetzen, legalistisches Prinzip

Prinzipien. Diese allerdings können noch nicht kritisch reflektiert oder auf ihre Sinnhaftigkeit hin befragt werden.

Die postkonventionelle Ebene –

Ein solcher Schritt findet erst in den nächsten beiden Stufen statt, die deshalb auch zusammenfassend mit dem Begriff der postkonventionellen Ebene bezeichnet werden. Ein Proband der fünften Stufe kann gültige moralische Normen hinterfragen (kritische Reflexion) und erkennt sie nur dann an, wenn er sie im Sinne der gesellschaftlichen Übereinkünfte gut begründet findet. Eine noch höhere Leistung stellt es dar, sein Urteilen wie die Probanden der sechsten Stufe nach allgemeinen, abstrakten ethischen Prinzipien wie z. B. der Nächstenliebe oder der Menschenwürde zu richten. Die große Leistung besteht darin, dass nun die Achtung vor dem Leben aller Menschen als ein uneingeschränkt gültiges Prinzip berücksichtigt werden kann.

kritische Reflexion moralischer Normen

Orientierung an universellen ethischen Prinzipien

Kohlbergs Theorie ist für die Beurteilung von Schuld von Bedeutung, weil sie ein Erklärungsmodell dafür bietet, warum manche Menschen weniger Gewissensnöte bei ihrem Handeln empfinden als andere und im Anschluss an moralisch verwerfliche Taten auch keine Einsicht in ihre Schuld erlangen. Dass dies auf Hanna Schmitz zutrifft, liegt in Anbetracht ihrer mangelnden Bildung und ihres Analphabetismus nahe und lässt sich beispielsweise an ihrer Argumentationsweise vor Gericht zeigen. Als der Richter sie mit dem moralischen Problem konfrontiert, an einer Selektion teilgenommen und sich somit schuldig am Tod vieler Menschen gemacht zu haben, versteht sie ihn nicht (vgl. S. 106 ff.). Stattdessen erklärt sie ihr Verhalten damit, sie habe Platz machen müssen für die Neuzugänge. Der ethische Konflikt, in dem sie sich befunden hat, wird ihr also gar nicht bewusst, und so ist sie außerstande, die Tragweite ihres Handelns zu verstehen. Stattdessen beruft sie sich auf Sach- und Organisationszwänge[1] und of-

Mangelnde Einsicht Hannas in moralisch-ethische Problemstellungen

---

[1] Vgl. diesen Gedanken auch bei Reisner, Hanns-Peter: Lektürehilfen Bernhard Schlink „Der Vorleser". Stuttgart 2001, S. 51.

fenbart damit ein niedriges Niveau moralischer Reflexions-
und Urteilsfähigkeit. Die postkonventionelle Ebene, auf dessen Basis es erst möglich wird, auf allgemeinen humanen
Grundsätzen fußend zu denken, erreicht sie nicht, und so
kommt es zu gravierenden Missverständnissen vor Gericht
und einem letztlich defizitären Urteil.

Sünde, Buße, Umkehr und Vergebung – Schuld in religiöser Perspektive

Sünde ist ein Begriff insbesondere der abrahamitischen Re-
ligionen (Judentum, Christentum, Islam). Er bezeichnet vor
allem im christlichen Verständnis den unvollkommenen
Zustand des Menschen, der von Gott getrennt ist. In der
Bibel wird die Trennung des Menschen von Gott in mytho-
logischer Sprache in der Geschichte der Vertreibung aus
dem Garten Eden (Ex 3,1ff.) beschrieben. Das Bild, aus
Gottes Garten ausgewiesen zu werden, bringt die schmerzliche Erfahrung der Menschen zum Ausdruck, in einer Welt
zu leben, in der keine „paradiesischen" Zustände herrschen
und die im Gegenteil oft von Gewalt und Ungerechtigkeit
geprägt ist. Die Situation des von Gott getrennten Menschen wird vom Menschen als eine Realität erfahren, die er
bereits vorfindet. Die „sündhaften Strukturen" in der Welt
und der Gesellschaft findet also der Mensch schon vor und
hat sie nicht notwendig selbst verursacht.

Die Vorstellung von „Sünde" – Leben in Gottferne

Daneben bezeichnet der Begriff „Sünde" aber auch die aus
diesem gottfernen Zustand resultierende, verwerfliche und
daher sündige Tat. Die Tat-Sünden sind eine Folge aus der
unüberwindbaren Trennung zwischen Gott und Mensch.
Möglich wird die Sünde nur auf dem Boden der menschlichen Freiheit, sich für oder gegen Gott als Lebenssinn zu
entscheiden und diese Entscheidung in alle einzelnen Situationen hinein zu verwirklichen. Obwohl der von Gott be-
absichtigte Sinn der Freiheit die freie Übernahme der Be-
stimmung des Menschen durch ihn selbst ist, gehört zu

Tat-Sünden als Entscheidung gegen ein Leben in der Liebe zu Gott und den Menschen

ihrem Wesen notwendig auch die Möglichkeit der gegenteiligen Entscheidung. Jede Sünde gefährdet das Leben der Gottverbundenheit, zu der der Mensch berufen ist. Ein solches Leben zeichnet sich durch die Solidarität aller Menschen zueinander aus. Jede Zuwiderhandlung gegen die Liebe, die für das Leben mit Gott wesentlich ist, ist eine Tat-Sünde. Die überweltliche Dimension der Schuld besteht in den Worten Karl Jaspers' deshalb darin, sich bewusst zu machen, dass „irgendwo zwischen Menschen das Unbedingte gilt, nur gemeinsam oder gar nicht leben zu können, falls dem einen oder anderen Verbrechen angetan werden"[1], und somit mitschuldig zu werden, wenn solches geschieht.

Absolution – Gott kann von Sünde befreien

Judentum, Christentum und Islam gehen davon aus, dass Gott von Sünde befreien kann. Der Gedanke der Erlösung durch Gott, der schon im Alten Testament eine große Rolle spielt, ist ein Bild, das einer Sklavenhalter-Gemeinschaft entnommen ist und wohl wesentlich auf die Erfahrungen des Volkes Israel im Sklavenhaus Ägypten zurückzuführen ist. Jemanden erlösen hieß jemanden loskaufen aus Fremdbestimmung und Unfreiheit. Danach gestaltete sich ein Gottesbild: Jahwe, der biblische Gott des Alten Testaments, als der Loskäufer von Schuld, als Retter und Heiler. Das Neue Testament überträgt das rettende Loslösen auf die Gestalt Jesu. Durch Jesus Christus erlöst zu sein heißt, nicht mehr in Fesseln zu sein, frei zu sein für ein Leben der Liebe.

Innere Bereitschaft zur Buße und Umkehr als Voraussetzung der Erlösung

Für den glaubenden Menschen setzt das Streben nach einem solchen Leben in Gottverbundenheit eine innere Haltung der Bereitschaft zur Umkehr, zur Buße und zur Versöhnung voraus. Unter Buße versteht man die beständige Bereitschaft, sich von bösen Gedanken, Worten und Werken zu distanzieren. Dazu gehören: um Verzeihung bitten,

---

[1] Jaspers, Karl: Die Schuldfrage. Einleitung zu einer Vorlesung über die geistige Situation in Deutschland. Heidelberg 1946

Verzicht, Wiedergutmachung sowie die Bereitschaft zum Neuanfang. Von entscheidender Bedeutung bei der Buße ist die Reue. Das Sakrament der Versöhnung (Beichte) ist jenes Zeichen, durch welches Gott dem Menschen als ein barmherziger Gott begegnet. Indem der Beichtende sein Vergehen aufrichtig bereut, wendet er sich Gott wieder zu. In der Romanhandlung kommt der religiösen Bedeutung der Schuld keine auf den ersten Blick ersichtliche Rolle zu, denn bei Hanna Schmitz handelt es sich nicht um eine religiös verwurzelte Person, die die überweltliche Dimension ihrer Schuld erkennen und reflektieren kann. Ihre vergangenen Taten allerdings verletzen das Gebot gegenseitiger Solidarität unter Menschen und haben deshalb – nach Jaspers' Verständnis – eine Dimension, die rein weltliche Ausmaße übersteigt. Sie voll zu erfassen oder gar zu verzeihen gelingt deshalb auf den für den menschlichen Geist zugänglichen Ebenen (d. h. auf strafrechtlichem oder zwischenmenschlichem Wege) nicht. Deshalb kommt die Frage, wie mit Hannas Schuld umzugehen sei, weder vor Gericht noch in Michaels Bewusstsein zu einer befriedigenden Lösung. Die Sehnsucht danach kommt allerdings in Hannas Verhalten während ihrer Haftzeit zum Ausdruck. Dieses wird vom Erzähler bzw. von der Gefängnisleiterin mit Begriffen beschrieben, die an eine religiöse Sprache erinnern. So betont die Gefängnisleiterin, als sie Michael Hannas Leben während der Haftzeit schildert, sie habe „gelebt wie in einem Kloster. Als hätte sie sich freiwillig hierher zurückgezogen, als hätte sie sich der hiesigen Ordnung freiwillig unterworfen, als sei die einigermaßen eintönige Arbeit eine Art Meditation" (S. 196). Die Beschreibung legt nahe, dass dem Leser hierdurch Hannas innere Wandlung bewusst werden soll. Der durch den Schuldspruch der Justiz erzwungene Rückzug aus der Außenwelt korrespondiert offenbar mit dem freiwilligen Rückzug Hannas in ihre Innenwelt. Dort, so wird durch die religiöse Metaphorik sugge-

Die überweltliche Dimension der Taten – für die Menschen und das Gericht nicht fassbar

Hannas Verhalten während der Haftzeit – Rückzug in sich selbst

riert, findet eine Auseinandersetzung mit der eigenen Schuld statt und diese bewirkt etwas, das das Gericht als äußere Instanz nicht vermochte: eine Auseinandersetzung mit der begangenen Schuld, Einsicht, Buße und Reue.

Keine „Absolution" für Hanna

Die Möglichkeit einer Umkehr allerdings sowie die Chance zur Versöhnung, die unbedingt zum Schuldverständnis der Religion gehört und Teil der Beziehung zwischen Gott und Mensch ist, kommt zunächst nicht vor. Stattdessen wirkt Hannas Selbstmord als ein selbst gewählter Akt der Sühne angesichts einer Schuld, für die sie keine Instanz findet, die sie um Vergebung bitten könnte. Dass sie den Wunsch nach „Absolution" (S. 201) hegt, d.h. nach einer Lossprechung von ihrer Sünde, zeigt sich an ihrer Geste, ihr Geld ihrem einstigen Opfer zu vererben. Die Tochter allerdings lehnt dieses ab und zeigt damit die Unmöglichkeit, ein derart unermessliches Unrecht zu verzeihen.

Wirkung und Rezeption

Überwältigend positive Resonanz bei Erscheinen des Romans

Die ersten Rezensionen nach Veröffentlichung des Romans „Der Vorleser" waren von überwältigend positiver Resonanz. Lob erhielt der Roman beispielsweise für seine schnörkellose Erzählweise, die zur Lesbarkeit einer Geschichte beiträgt, deren Themen eigentlich Tabu-Charakter haben und über die somit eher geschwiegen wird. Die Tatsache, dass in Gestalt der beiden ineinander verschränkten Lebensläufe von Michael und Hanna unlösbare Fragen wie etwa die nach dem Umgang mit mörderischer Schuld und nach lebenslangen Verletzungen gestellt werden, vermittle den Eindruck von Authentizität.[1] Der ungewöhnliche Zugriff auf das Thema der NS-Vergangenheit durch die

---

[1] Vgl. Moritz, Rainer: Die Liebe zur Aufseherin, in: Die Weltwoche. Zürich. 23. November 1995, zit. in: Heigenmoser, Manfred: Bernhard Schlink. Der Vorleser. Erläuterungen und Dokumente. Stuttgart 2005, S. 103.

Konstruktion einer Liebesgeschichte sei zugleich mutig und unterhaltsam, und die Ich-Perspektive ermögliche eine „intime, drängende, keine Abgründe ausweichende Introspektion [Innensicht, A.W.]"[1]. Die amerikanische „New York Times", auf deren Bestsellerliste das Buch lange Zeit auf dem ersten Platz stand, lobte es als fesselnd, philosophisch elegant und moralisch komplex.

DVD-Cover der Hollywoodverfilmung

---

[1] Löhndorf, Marion: Die Banalität des Bösen, in: Neue Zürcher Zeitung. 28./29. Oktober 1995, zit. in: ebd., S. 101

Internationaler Erfolg und Hollywood-verfilmung Der Roman „Der Vorleser" wurde inzwischen in über 30 Sprachen übersetzt und gelangte neben Amerika auch in Frankreich auf die Bestsellerlisten. Ein vergleichbares internationales Echo konnten lediglich zwei andere deutsche Romane erreichen: „Die Blechtrommel" von Günter Grass und „Das Parfüm" von Patrick Süßkind. 2008 wurde der Stoff in Hollywood unter der Regie von Stephen Daldry verfilmt, und Kate Winslet erhielt in der Rolle der Hanna Schmitz für ihre darstellerische Leistung einen Oscar.

Der Roman „Der Vorleser" als Schullektüre Die positive Rezeption sowie die Thematik des Romans führten schnell dazu, ihn in den Kanon der Schullektüren aufzunehmen, wo er seither einen festen Platz behauptet. Begründet wurde dies mit seiner für Schüler zugänglichen Sprache und seiner Thematik, die von der Entwicklung eines Jugendlichen zum Erwachsenen, über die Frage nach der Bedeutung des Lesen- und Schreibenkönnens bis hin zur Auseinandersetzung mit der Geschichte des Nationalsozialismus reicht. Im Ausland allerdings wird die Tatsache, dass der Roman „Der Vorleser" inzwischen als exemplarische Lektüre zur **Kritik aus dem Ausland** Auseinandersetzung mit der Geschichte gelesen wird, kritisch beurteilt.[1] Denn auf diese Weise gelange Schlinks Fiktion, die vielfach an historischen Details vorbeigehe und ein sehr untypisches und falsches Täterbild entwerfe, in die Vorstellung, die sich die Schüler vom „Dritten Reich" machten. Die Tatsache, dass es sich bei diesem beispiellosen Verbrechen um ein vom gesamten, vorwiegend literarisierten Volk mitgetragenes handele, komme darin ebenso wenig vor wie das Leiden der Opfer. Daher müsse sich der Autor den Vorwurf einer Verzerrung historischer Fakten gefallen lassen.

Polemische Debatte im deutschen Feuilleton Ähnliche Vorwürfe wurden nach der ersten Zeit einer durchweg begeisterten Aufnahme auf sehr polemische Weise auch im Feuilleton deutscher Zeitungen geäußert. Exemp-

---

[1] Vorbehalte dieser Art finden sich etwa in: Donahue, William Collins: Holocaust as fiction. New York 2010, S. 109 ff.

larisch sei hier auf eine Rezension von Jeremy Adler[1] verwiesen, welche als Auslöser der aufgeregten Debatte gilt. Adler wirft Schlink nicht nur die Verdrehung historischer Fakten vor, sondern wertet auch das Plotting, d.h. die Einbettung der Thematik in eine Liebesgeschichte, als „Kulturpornografie" ab. Weiter sei die Geschichte „logisch unmöglich, historisch falsch und moralisch pervers" und widerspreche nachgerade den historischen Fakten, die sie zu vermitteln suggeriere. Insbesondere die Figur einer geläuterten Täterin, die durch Bildung und das Lesen von KZ-Literatur zur Einsicht in ihre Schuld gelange, sei unglaubwürdig.

Als ein Fazit aus den darauf folgenden Beiträgen haben sich folgende Anfragen an den Roman herauskristallisiert: Während die Perspektive eines Vertreters der zweiten Generation dazu geeignet sei, positiv zur Selbstverständigungsdebatte der heutigen Deutschen beizutragen[2], so sei andererseits die Darstellung Deutschlands und seiner Bewohner als Opfer ihrer Geschichte negativ als einseitig selbstmitleidig zu betrachten. Das Leiden der wirklichen Opfer, also das der getöteten oder misshandelten Juden, werde nicht ausreichend in den Blick genommen und komme daher zu kurz. Weiter sei die Verquickung des Schuldthemas mit dem Analphabetismus Hannas höchst problematisch, weil hierdurch die historischen Schuldzusammenhänge geleugnet würden. Gerade die Schizophrenie, die darin bestehe, dass die Täter oftmals gleichzeitig gebildet und fähig zum Massenmord gewesen seien, komme in Schlinks Täterprofil nicht zum Ausdruck und werde damit geleugnet.[3]

Zusammenfassung und Fazit der Auseinandersetzung

---

[1] Vgl. Adler, Jeremy: Die Kunst, Mitleid mit den Mördern zu erzwingen, zit. in: Heigenmoser, Manfred: Bernhard Schlink. Der Vorleser. Erläuterungen und Dokumente. Stuttgart 2005, S. 124 ff.

[2] Vgl. hierzu: Köster, Juliane: Nachgeborene durch Liebe an sich binden, in: Süddeutsche Zeitung. 27./28. April 2002, zit. in: ebd., S. 132.

[3] Vgl. Durzak, Manfred: Opfer und Täter im Nationalsozialismus. Bernhard Schlinks „Der Vorleser" und Stefan Hermlins „Die Kommandeuse", in: Literatur für Leser. H. 4 (2000), S. 203 ff.

Der Roman „Der Vorleser" in der Schule

Der Blick auf die Figuren: Die Personencharakterisierung

Eine literarische Figur charakterisieren – Tipps und Techniken

In einer literarischen Charakterisierung werden neben äußeren Merkmalen besonders die Wesenszüge einer literarischen Figur analysiert. Gegebenenfalls muss auch ihre Entwicklung im Werk erfasst werden. Dazu ist es wichtig, die im Text vermittelten Informationen zu sammeln, zu ordnen und zu werten. Auf diesem Wege gelangt man zu einer Gesamtinterpretation der Figur. Das Wesentliche soll nicht in beschreibender, sondern in argumentierender Form dargelegt werden. Alle Behauptungen, die man über eine Figur aufstellt, müssen begründet werden, d.h. in der Regel durch eine oder mehrere Textstellen belegt werden. Das Tempus ist das Präsens.

Für die Erarbeitung einer literarischen Charakterisierung können unter anderem folgende Aspekte und Leitfragen von Bedeutung sein:

1. **Personalien, sozialer Status und äußeres Erscheinungsbild:**
   - Was erfahren wir über Name, Geschlecht, Alter und Beruf der Figur?
   - Werden auffällige äußere Merkmale beschrieben?
   - Wie werden die Lebensverhältnisse und das soziale Umfeld der Figur dargestellt?
   - Gibt es Informationen zur Vorgeschichte der Figur?

2. Wesentliche Charaktereigenschaften und Verhaltensweisen:

- Zeigt die Figur typische Verhaltensweisen und Gewohnheiten?
- Was sind ihre hervorstechenden Wesensmerkmale und Charakterzüge?
- Welche Umstände prägen und bestimmen ihre Existenz?
- Welches Selbstbild hat die Figur?
- Welche inneren Einstellungen, welches Weltbild hat sie?
- Zeigt die Figur eine Veränderung in ihren äußeren Merkmalen oder eine innere Entwicklung?
- Wie wird sie von den anderen Figuren wahrgenommen?
- In welcher Beziehung steht sie zu den anderen Figuren?

3. Sprachgebrauch und Sprachverhalten:

- Wie kann man den Sprachgebrauch der Figur allgemein beschreiben (Sprachebene, Sprachstil)?
- Welche Auffälligkeiten lassen sich auf Satz- und Wortebene erkennen (Satzbau, Wortwahl, …)?
- Welche Botschaften werden durch nonverbale Kommunikation übermittelt (Mimik, Gestik, Körperhaltung)?
- Welches Gesprächsverhalten, welche Gesprächsstrategien verfolgt die Figur?

4. Zusammenfassende Bewertung:

- Wie lässt sich die Funktion der Figur für den Roman beschreiben?

Hanna Schmitz

1. Personalien,
äußeres
Erscheinungsbild
und sozialer
Status

Hanna Schmitz, die neben dem Ich-Erzähler Michael Berg die Hauptfigur des Romans darstellt, ist zu Beginn der Handlung sechsunddreißig Jahre alt und arbeitet als Straßenbahnschaffnerin. Michael beschreibt ihren Körperbau als kräftig und empfindet ihn im Vergleich zu den gleichaltrigen Mädchen als sehr weiblich (vgl. S. 17), dabei aber

Hannas
Körperbewusst-
sein und ihr
erotischer Reiz

schlank. Hannas Äußeres ist zudem „von peinlicher, Sauberkeit" (S. 33), was sich in ihrer Gewohnheit zeigt, ihren Körper täglich zwei Mal gründlich zu waschen. Ihr breiter Rücken und ihre kräftigen Arme (vgl. S. 91) sowie ihre Muskeln an den Beinen lassen Michael auf ihre Frage nach einem tierischen Vergleich an ein Pferd denken, das er als etwas „Gutes, Warmes, Weiches, Starkes" (S. 69) interpretiert. Hanna hat ein „großflächiges, herbes, frauliches Gesicht" (S. 14) und schulterlange, aschblonde Haare und trägt, der Mode der Nachkriegszeit entsprechend, Kittelschürzen über ihren Kleidern.

Zunächst
lückenhaft
erzählte
Biografie, die
sich später als
schuldbehaftet
erweist

Aufgrund ihrer schuldbehafteten Vergangenheit äußert sich Hanna selbst nur sehr lückenhaft und unwillig über ihre Herkunft und ihren Werdegang. Deshalb erfahren Michael und der Leser zunächst nur, dass sie in Siebenbürgen aufgewachsen ist, dann nach Berlin gekommen ist, „mit einundzwanzig zu den Soldaten geraten" (S. 40) ist und sich nach Kriegsende mit allen möglichen Jobs „durchgeschlagen" (S. 40) hat. Eine eigene Familie hat sie nicht und scheint sozial weitgehend isoliert zu sein, denn Michael lernt während ihrer Beziehung niemanden kennen, der ihr nahesteht und mit dem sie engen Kontakt pflegt. Später erfährt der Leser, dass sie wiederholt plötzlich ihren Wohnort gewechselt und dabei alle Brücken hinter sich abgebrochen hat. Erst als Hanna sich vor Gericht verantworten muss, erfahren die spärlichen biografischen Angaben eine Ergänzung. Sie hat bei dem Elektrokonzern Siemens gear-

beitet und ist im Anschluss daran etwa drei Jahre KZ-Aufseherin bei der SS gewesen, eingesetzt in Auschwitz und in
einem kleinen Lager bei Krakau. In einem Prozess gegen
Kriegsverbrecherinnen wird Hanna zu lebenslanger Haftstrafe verurteilt und verbringt ihr restliches Leben in einem
Frauengefängnis, wo sie schließlich Suizid begeht.

Michael lernt Hanna als eine pragmatische, „zupackende"
Frau kennen, die ihn säubert und ihn nach Hause bringt,
als er sich auf der Straße erbricht. Auf den Minderjährigen
wirkt sie durch ihre Fürsorge und ihr Alter zunächst mütter-
lich und wird auch später immer wieder als Angehörige
seiner Elterngeneration bezeichnet. Die Bedeutsamkeit der
Generationszugehörigkeit im Erzählgefüge entsteht dadurch, dass Hanna zur Zeit des nationalsozialistischen Regimes eine erwachsene Frau ist und daher der Tätergenerati-
on angehört, während Michael ein Vertreter der zweiten
Generation, also der Kinder der Nazi-Täter, ist. Gleichzeitig
wird Hanna jedoch zu Michaels älterer Geliebten, die ihn
bei ihrem zweiten Treffen verführt und ihn damit in die
Sexualität und in einen neuen Lebensabschnitt einführt.
Die Beziehung zwischen Hanna und Michael ist durch diese doppelte Zuweisung kompliziert, denn sie stellt einerseits eine Liebesgeschichte dar und steht andererseits exemplarisch für die Liebe zwischen den in den Nationalsozialismus und das Verbrechen involvierten deutschen Eltern
und ihren Kindern.

Während Hanna sich noch bei ihrer ersten Begegnung
mütterlich-fürsorgend verhält und nichts darauf hindeutet,
dass sie ein Interesse an einer sexuellen Beziehung zu Michael hat, entsteht bereits bei ihrem Wiedersehen eine erotische Atmosphäre. Ohne Scham lässt Hanna Michael, der
aus Höflichkeit wiederkehrt, um sich für seine Rettung zu
bedanken, zunächst beim Bügeln von Unterwäsche zusehen. Dann lässt sie die Tür einen Spalt offen, als sie sich –
nur mit einem Unterkleid bedeckt – umzieht (vgl. S. 15 ff.).

Randglossen:

2. Wesentliche Charaktereigen-schaften und Verhaltensweisen

Doppelte Zuschreibung Hannas als mütterliche Figur und als Geliebte

Freizügige Körperlichkeit und sexuelle Bedürftigkeit

Sogleich bei ihrer dritten Begegnung, als Michael sie von Sehnsucht getrieben und dennoch schamerfüllt aufsucht, kommt es weitgehend auf ihre Initiative hin zum Geschlechtsakt. Auch im weiteren Verlauf ihrer Beziehung verhält sie sich in körperlicher Hinsicht besitzergreifend und schläft mit dem Minderjährigen in erster Linie „zu ihrem [eigenen,] spielerischen Vergnügen" (S. 34). Michael empfindet Hannas nicht kokettierende, selbstverständliche Art, mit ihrem Körper umzugehen und sich zu bewegen, als „Einladung, im Innern des Körpers die Welt zu vergessen" (S. 18). Er ist davon derart fasziniert, dass er sich niemals wirklich von ihr zu lösen vermag.

Analphabetismus als verborgene Verhaltensmotivation Die Einigkeit, die in körperlicher Hinsicht zwischen den Protagonisten herrscht, steht in großer Diskrepanz zu den Missverständnissen, die sich im Laufe ihrer Beziehung häufen. Erst als junger Mann und Prozessbeobachter offenbart sich Michael Hannas aus Scham verschwiegener Analphabetismus, in welchem er rückblickend eine wichtige Motivation für ihr Handeln erkennt. Ihre Unfähigkeit, zu lesen und zu schreiben, und das damit verbundene Vertuschungs- und Vermeidungsverhalten sind beispielsweise der Grund für den häufigen Wechsel des Wohnortes und Arbeitsplatzes, weil Hanna immer dann mit Flucht reagiert, wenn durch eine berufliche Beförderung ihre Schwäche aufzufallen droht (vgl. S. 127). Nicht nur ihr soziales, sondern auch ihr kommunikatives Verhalten ist in vielfacher Hinsicht durch den Analphabetismus geprägt. So fallen dem Leser beispielsweise sogleich Hannas Misstrauen und ihre grundsätzliche Scheu, etwas von sich zu offenbaren, auf. Bereits als Michael nur nach ihrem Namen fragt, reagiert sie alarmiert (vgl. S. 34 f.).

Geheimnisvolle Undurchschaubarkeit Ihr Verschweigen und Verheimlichen führen dazu, dass sie auf Michael geheimnisvoll und undurchschaubar wirkt. Indem sie wiederholt den Fragen ihres jungen Geliebten ausweicht und ihn so in seiner jugendlichen Neugier enttäuscht, fühlt er sich von ihr in eine kleine Nische ihres Lebens abgeschoben (vgl. S. 75). Ihre Treffen werden von ihren Bedürfnissen bestimmt und finden in ihrem Lebensraum statt, was dazu führt, dass sie in der Beziehung über Michael dominiert. So ist sie es, die aus Eigennutz und Bedürftigkeit heraus vorgibt, dass das Zusammensein aus dem Ritual „[v]orlesen, duschen, lieben und noch ein bißchen beieinanderliegen" (S. 43) besteht und sich somit fernab der Außenwelt abspielt. Aber selbst in diesen für sie sicheren Bahnen und im Liebesspiel fällt Michael auf, dass sie „ihren Rückhalt [...] nie preisgegeben" (S. 77) und sich somit niemals völlig offen gezeigt hat.

Im Verlauf ihrer Liebesbeziehung geschieht es immer wieder, dass Hanna – in Michaels Wahrnehmung ohne ersichtlichen Grund – plötzlich abweisend und hart wird (vgl. S. 50). Wiederholt zeigt sie ein schroffes und teilweise auch brutales Verhalten. Dass es sich bei Hanna nicht um eine zärtliche, einfühlsame Person handelt, zeigt sich bereits ganz zu Beginn darin, dass sie sich Michaels „fast grob" (S. 6) annimmt und ihm einfach Wasser ins Gesicht klatscht, um ihn von seinem Erbrochenen zu reinigen. Eine Irritation entsteht beispielsweise auch, als er in die Straßenbahn einsteigt, um sie in der Öffentlichkeit zu treffen, und sie ihn einfach ignoriert (vgl. S. 47 ff.). Bei ihren anschließenden Streitgesprächen belässt es Hanna bei Drohungen und äußert so widersprüchliche Gründe für ihr Verhalten, dass Michael nicht einordnen kann, ob sie lediglich Machtspiele mit ihm spielt oder sich aus Sehnsucht nach der Wärme seiner Liebesbezeugungen nach jedem verbalen Schlagabtausch so „kalt und hart" (S. 50) verhält. Michael reagiert nämlich immer dann unterwürfig-liebevoll, wenn sie ihn zuvor abgewiesen hat.

Hannas wohl brutalste Reaktion Michael gegenüber – sie schlägt ihn mit einem Gürtel blutig, als er sie auf ihrer Fahrradtour morgens verlässt, um Frühstück zu organisieren,

Plötzliche Brutalität und Härte

und ihr zur Erklärung einen Zettel hinterlässt (vgl. S. 54f.)

– wirft allerdings ein Licht darauf, dass sich hinter ihrem Streitverhalten eine große Hilflosigkeit verbirgt. Denn Hanna beginnt sogleich nach dem Ausbruch zu weinen, offensichtlich nicht zuletzt, weil sie ihre Ängste nicht artikulieren und ihre Probleme im Gespräch nicht lösen kann. Ihre Schwäche, der Analphabetismus, hängt dabei mit einer geringen Reflexionsfähigkeit zusammen. Hannas grundsätzlich problematische Art zu kommunizieren sowie ihre Lebenslüge wirken sich vor Gericht verheerend für sie aus. Weil sie die Korrespondenz, die dem Prozess vorausgeht, weder lesen noch beantworten kann und dies vor allen verbergen will, wirkt sie hochmütig. Denn sie besteht auf einer lauten Verlesung des Buches der Tochter und widerspricht plötzlich einigen Aussagen aus einer ersten Vernehmung, die zuvor im Protokoll festgehalten und von ihr unterschrieben worden sind. Dabei ist sie lediglich mit der Situation überfordert und verhält sich daher „sicht- und hörbar verwirrt und ratlos" (S. 105). Hannas Agieren und ihr Lebenskonzept werfen die Frage auf, inwieweit sie als Analphabetin nur über ein begrenztes Verhaltensrepertoire verfügt.

Aufgrund ihrer fehlenden Intellektualität und ihres schlecht ausgebildeten Beobachtungs- und Urteilsvermögens findet sie sich insbesondere in dem System des Gerichts mit seinen eigenen Regeln und Formeln nicht zurecht. Dies drückt sich darin aus, dass sie alle Fragen ehrlich beantwortet und dort, wo ihr etwas falsch erscheint, beharrlich widerspricht. Weder hat sie dabei ihren eigenen Vorteil noch die übrigen Angeklagten im Blick, welche über einen besseren Sinn für das Taktieren verfügen und Hanna die Hauptschuld zuweisen (vgl. S. 109ff.). Für die Aufrechterhaltung ihrer Lebenslüge nimmt sie es gar in Kauf, als eine noch schrecklichere Verbrecherin angesehen zu werden und infolgedessen auch härter bestraft zu werden als die übrigen Angeklagten. Mit Michael muss sich der Leser hier fragen, ob Hanna „einfach dumm" oder eher „so eitel und böse" (S. 128) ist, um für das Vermeiden einer Bloßstellung zur Verbrecherin zu werden.

Ihr Selbstverständnis als KZ-Aufseherin ist von dem Bestreben geprägt, ihre Aufgaben pflichtbewusst auszuführen. Dass sie dabei für ein Unrechtssystem arbeitet und ihre Tätigkeiten den ethischen Geboten der Menschlichkeit widersprechen, dafür hat sie weder das notwendige moralische Gespür noch ist sie gebildet genug, um sich in ihrem Handeln an den Idealen von Humanität orientieren zu können. Ihr hohes, aber moralisch falsches Arbeits- und Pflichtbewusstsein wird deshalb auch zutreffend mit dem Oxymoron „gewissenlose[...] Gewissenhaftigkeit" (S. 115) beschrieben. Für die Verbrechen, die man ihr zur Last legt,

Gewissenlose Arbeits- und Pflichtmoral ohne Bewusstsein für ethische Fragen

Hannas Geheimnis und ihre lebenslange Angst vor Bloßstellung

rechtfertigt sie sich entsprechend lediglich mit dem Ver-
weis auf Sach- und Organisationszwänge[1] und versteht
den Richter nicht, als dieser auf das zugrunde liegende moralische Problem zu sprechen kommen will. Weil die Beteiligten aneinander vorbeireden, kommt es während des
Prozesses zu keiner Einsicht oder gar Läuterung.

Innere und äußere Wandlung im Gefängnis

Im Gefängnis allerdings vollzieht sich eine innere und äußere Wandlung Hannas. Bedingt durch den selbstbestimm-
ten Schritt des Lesen- und Schreibenlernens, der sich mithilfe der von Michael besprochenen Tonkassetten vollzieht,
beginnt ihr Weg in die Mündigkeit (vgl. S. 178). Hanna
fängt sogleich damit an, sich durch das Lesen von KZ-Literatur mit ihrer Vergangenheit auseinanderzusetzen. Ihre
Veränderung zum Besseren zeigt sich beispielsweise auch
an ihrem Engagement und ihrer Hilfsbereitschaft, mit der
sie gegen die Schließung der Gefängnisbibliothek vorgeht
und ihre Tonkassetten blinden Strafgefangenen schenkt
(vgl. S. 193 ff.). Äußerlich zeigt sich der Rückzug in sich
selbst durch die Vernachlässigung ihres körperlichen Erscheinungsbildes. Hinsichtlich ihres Selbstmords bleibt offen, ob es sich dabei um eine Art Selbstjustiz bzw. einen Akt
der Sühne handelt oder ob sich in ihm einfach die Angst
vor dem Leben außerhalb der Gefängnismauern ausdrückt.
Allerdings scheint es, als habe sie eine Art „Absolution"
(S. 201) intendiert, d. h. eine Lossprechung von ihrer
Schuld, denn sie will, dass ihr Geld dem einzigen noch lebenden ihrer Opfer hinterlassen wird.

3. Sprachgebrauch und Sprachverhalten

Kommunikations- und Ausdrucksschwierigkeiten

Hanna hat große Schwierigkeiten, sich verbal auszudrü-
cken und sich in Kommunikationssituationen zu behaupten. Um ihren oft mühsamen Alltag zu bewältigen und ihre
Bedürfnisse zu befriedigen, bedient sie sich Michael gegenüber häufig Imperativen (vgl. bspw. S. 6; S. 15). Ihre Ten-

---

[1] Vgl. hierzu ausführlicher: Reisner, Hanns-Peter: Lektürehilfen Bernhard
Schlink „Der Vorleser". Stuttgart 2001.

denz, ihn mit Diminutiven (Verkleinerungsformen) zu titulieren – sie ruft ihn beispielsweise „Jungchen" (S. 27) –, korrespondiert mit ihren Ablenkungsmanövern, in welchen sie ihn wie ein Kind behandelt, sobald er ihr ernste Fragen stellt (vgl. S. 75 f.). Weil Hanna ihm im Gespräch weder Interesse noch Empathie entgegenbringt, kommt es oft zum Streit, in welchem sie sich manipulativ, verletzend und widersprüchlich verhält, sodass Michael kapituliert und jede Schuld auf sich nimmt („Ich verstand, daß sie gekränkt war. Ich verstand, daß sie nicht gekränkt war, weil ich sie nicht kränken konnte.", S. 49). Vor Gericht schließlich wirkt sie auf Michael verwirrt und hilflos, weil sie sprachlich nicht in der Lage ist, situationsangemessen zu agieren (vgl. S. 105). Nimmt man Hannas sprachliches Handeln zusammenfassend in den Blick, bewahrheitet sich ihre Einschätzung, dass sie „ohnehin keiner versteht" (S. 187).

Die Figur der Protagonistin Hanna Schmitz begegnet dem Leser in verschiedenen Rollen, zunächst als mütterliche Figur und Geliebte zugleich, als hilflose Analphabetin und schließlich als NS-Täterin. Aus dieser vielschichtigen Anlage heraus ergibt sich ein insgesamt widersprüchliches Figurenbild, das eine eindeutige Bewertbarkeit erschwert. Genau darauf aber legt es der Autor, der seine Täterin bewusst nicht als Monster, sondern als Menschen zeichnen will, an.[1] Weil die Liebesgeschichte dem Prozess vorangeht, lernt der Leser Hanna zunächst unvoreingenommen kennen, nicht als Täterin, und kann durchaus mit ihr sympathisieren, bevor er von ihren Gräueltaten erfährt. Damit gerät er in das Dilemma Michaels, der zwischen Verstehen und Verurteilen schwankt und beides zugleich nicht leisten kann (vgl. S. 151 f.). Es bleibt dem Leser selbst überlassen,

4. Zusammenfassende Bewertung

Kein Monster, sondern ein Mensch

---

[1] Vgl. hierzu: J. Köster/R. Schmidt, Interaktive Lesung mit Bernhard Schlink, zit. in: Köster, Juliane: Bernhard Schlink. Der Vorleser. München 2000, S. 63.

ob er wie der Erzähler traurig sein will über Hannas „verspätetes und verfehltes Leben" (S. 178), in dem sie niemals
zu der Person reifen konnte, die sie vielleicht unter anderen
Bedingungen hätte sein können, oder ob er sie wie die
überlebende Tochter schlicht „brutal" (S. 202) findet und
daher ablehnt.

Verfehltes Leben

Michael Berg

1. Personalien, sozialer Status und äußeres Erscheinungsbild

Michael Berg ist der Ich-Erzähler, welcher, indem er von
der Liebesgeschichte zu Hanna Schmitz erzählt, zugleich
auch eine Art Lebensbeichte ablegt. Die Liebe zu Hanna
beginnt, als er fünfzehn ist, und endet kurze Zeit nach ihrem Selbstmord, sodass der Leser Michael Berg in verschiedenen Phasen seines Lebens kennenlernt. Ist er zu Beginn
noch ein jugendlicher Schüler, so ist er zum Abfassungs-
zeitpunkt bereits ein Rechtshistoriker und Autor, der auf
seine Vergangenheit zurückblickt. Sich selbst beschreibt er
als einen gewöhnlichen Jugendlichen mit den für diese Al-
tersphase typischen Selbstwertproblemen und Zweifeln an
seinem Aussehen und seinen Leistungen (vgl. S. 39). Michael wohnt bei seiner Familie und wächst dort gemeinsam mit zwei Schwestern und einem älteren Bruder weitgehend behütet auf, was sich an der Fürsorge seiner Mutter um sein körperliches Wohlergehen (vgl. S. 28 f.) und an
der Erziehung des Vaters festmachen lässt. Dieser ist Professor für Philosophie und legt großen Wert auf die Bildung
seiner Kinder (vgl. S. 32).

Michael als typischer Heran- wachsender

Die Eigenschaft des Sohnes, sehr nachdenklich und teilweise auch melancholisch über alles Erlebte nachzudenken,
entstammt wahrscheinlich seinem väterlichen Vorbild. Michaels Vater gehört zu den wenigen Deutschen, die sich in
der Zeit des Nationalsozialismus nicht opportunistisch verhalten und dafür Sanktionen in Kauf genommen haben

Michaels Familie – hohe Bildung und gepflegter Umgang bei geringer emotio- naler Nähe

(vgl. S. 88). Konflikte, die insbesondere unter den Geschwistern aufkommen, werden in Michaels Familie kommunikativ gelöst (vgl. S. 55), wobei die Eltern mit ihren Kindern jedoch weitgehend distanziert und sachlich umgehen. Emotionale Wärme und Nähe kann insbesondere der in seiner Arbeit aufgehende Vater nicht aufbringen, und auch die Mutter scheint nur dann genügend Energie für Momente der Innigkeit zu haben, wenn ihr Sohn krank ist oder ihm Schwierigkeiten bevorstehen (vgl. S. 29). Dieser Umstand und seine negativen Erfahrungen mit Hanna führen dazu, dass Michael bei aller sprachlichen und kommunikativen Kompetenz später Schwierigkeiten damit hat, anderen Menschen gegenüber gefühlsbetonte Nähe zuzulassen.

Michael ist ein begabter Schüler, dem das Lernen leichtfällt, und so gelingt es ihm, trotz seiner durch die Gelbsucht bedingten Krankheitstage das Klassenziel des Schuljahres zu erreichen (vgl. S. 42). Sein „großes bildungsbürgerliches Urvertrauen" (S. 176) manifestiert sich in seiner Liebe zur Literatur sowie in dem Glauben an die Möglichkeit eines Reifeprozesses zu mehr Humanität durch den Erwerb von Lese- und Schreibkompetenzen (vgl. S. 178). Das erotische Verlangen nach Hanna, die in ihrer freizügigen Körperlichkeit, ihrer mangelnden Bildung und ihrer Impulsivität einer Gegenwelt zu entstammen scheint, widerspricht der von Rationalität und Vernunft geprägten Umgebung, in welcher Michael groß geworden ist.

Michael lernt Hanna in einer sensiblen Phase seines Lebens kennen. Die wesentlich ältere und erfahrene Frau führt den in seiner Identität noch unsicheren Jugendlichen in die körperliche Liebe ein und löst damit einen ambivalenten Entwicklungsprozess aus. Während Michael einerseits an Selbstsicherheit gewinnt und gegenüber seinen Eltern, Lehrern und Mitschülern sehr bestimmt aufzutreten lernt (vgl. S. 41), löst jeder neue Konflikt mit der unbeherrschten

Randspalte:

2. Wesentliche Charaktereigenschaften und Verhaltensweisen

Empfänglichkeit für Hannas erotische Reize

Durchleben eines ambivalenten Entwicklungsprozesses

Hanna in ihm irrationale Schuldgefühle aus, die ihn zutiefst verunsichern. In seiner emotionalen Abhängigkeit zu ihr und in seiner jugendlichen Beeinflussbarkeit zu ihr tut er alles, um sie wieder gewogen zu stimmen, und handelt dabei oftmals entgegen seinem Verständnis für Recht und Unrecht (vgl. S. 50).

Sexuelle Abhängigkeit von Hanna und lebenslange Beeinflussung

Im Laufe ihrer Beziehung übernimmt Michael als der jüngere, unerfahrene Part die Rollen, die ihm Hanna zuweist, und wird ihr Liebhaber und Vorleser. Für die Begegnungen in ihrer Wohnung vollzieht er den inneren Abschied von seiner Familie (vgl. S. 32) und isoliert sich stellenweise von der Gruppe der Gleichaltrigen, die ihn in der Folge als geheimnisvollen Sonderling wahrnehmen (vgl. S. 70). Um Hanna bei sich zu Hause empfangen zu können, begeht Michael gar einen Gesetzesverstoß und stiehlt in einem Kaufhaus Kleidung, um seine Schwester damit zu bestechen (vgl. S. 59). Auch hierin zeigt sich, wie weit er zugunsten der Liebe zu Hanna bereit ist, die Prinzipien zu verletzen, nach denen er erzogen worden ist. In seinen Zugeständnissen und seiner emotionalen Abhängigkeit zu ihr bahnt sich Michaels lebenslange Prägung durch Hanna an, die ihn zukünftig für mögliche andere Liebesbeziehungen ebenso untauglich macht wie für ein unbeschwertes Gefühl der Zugehörigkeit zu seiner Generation. Dass sich Hanna auf diese Weise ihm gegenüber „brutal" (S. 202) verhalten hat und somit auch an ihm schuldig geworden ist, will Michael jedoch nicht wahrhaben.

Unsicherheit und Sensibilität

Obwohl er bei den Streitgesprächen mit Hanna mit den besseren Argumenten dasteht, kapituliert er aus Angst vor Liebesentzug jedoch wiederholt und gibt seinen Willen fortan ebenso schnell auf wie seine Versuche, durch schriftliche oder mündliche Kommunikation an Hanna heranzukommen (vgl. S. 50). Weil Hanna ihm lediglich den Platz in ihrem Leben zuweist, den sie ihm geben will, und dieser sich fernab des Alltags in den festen Bahnen des Rituals

„[v]orlesen, duschen, lieben und noch ein bißchen beeinanderliegen" (S. 43) vollzieht, ist sich Michael bis zuletzt nicht gewiss, wer er für sie ist. Darin zeigt sich eine große Unsicherheit und Sensibilität, die er jedoch verbirgt. Verstärkt wird dies dadurch, dass Hanna plötzlich, ohne sich von ihm zu verabschieden, die Stadt verlässt. In der Folge erklärt er sich ihren Weggang fälschlicherweise damit, dass er gegenüber seinen Freunden die Beziehung zu Hanna geleugnet und sie somit in seinen Augen „verraten" (S. 72) hat.

Als er ihr vor Gericht wieder begegnet und miterlebt, dass es sich bei seiner damaligen Geliebten um eine NS-Verbrecherin handelt, fühlt er sich schuldig, eine solche nicht nur geliebt, sondern gar „gewählt" (S. 162) zu haben. Michaels Gefühle zu Hanna schwenken um, als er erfährt, dass sie im Konzentrationslager junge Häftlinge zum Vorlesen benutzt und anschließend in den Vergasungstod geschickt hat. Selbsterniedrigende und bittere Gedanken kommen auf und quälen ihn fortan sehr („Und wer war ich für sie gewesen? Der kleine Vorleser, den sie benutzt, der kleine Beischläfer, mit dem sie ihren Spaß gehabt hatte? Hätte sie mich auch ins Gas geschickt, wenn sie mich nicht hätte verlassen können, aber loswerden wollen?", S. 153). Dennoch bleibt er ihr in einer Art Hassliebe derart verbunden, dass er ihre Beziehung als beispielhaft für „das deutsche Schicksal" (S. 163), die Verstrickung der zweiten Generation in die Verbrechen ihrer Eltern, wertet.

Gefühl der Verstrickung in Hannas Schuld

Weil er als Einziger ihren Analphabetismus entdeckt und somit Hanna in vielen Anklagepunkten entlasten könnte, fühlt sich Michael plötzlich nicht mehr nur als Zuschauer, sondern in eine aktive Teilnehmerrolle am Prozess versetzt (vgl. S. 131). Dies verrät sein großes Verantwortungsgefühl, das er trotz allem seiner einstigen Geliebten entgegenbringt. Er gerät in ein moralisches Dilemma, weil er nicht weiß, ob er gegen ihren Willen sein Wissen preisge-

Hohes Verantwortungsbewusstsein für seine einstige Geliebte

ben darf, und versucht in vielfältiger Weise, den inneren Konflikt zu lösen und Hannas vergangene verbrecherische Handlungen zu verstehen (vgl. S. 134 ff.). Darum besucht er beispielsweise zweimal ehemalige Konzentrationslager, muss dabei aber erleben, dass es ihm weder gelingt, Hanna zu verstehen, noch eine konkrete Anschauung der damaligen Gräuel zu erlangen. Es beschleicht ihn deshalb ein „Gefühl kläglichen, beschämenden Versagens" (S. 149).

Seine Liebe zu einer Verbrecherin sowie sein Wissen um ihren verschwiegenen Analphabetismus haben Auswirkungen auf sein Rechtsverständnis als Jurist, weil er die Defizite des Verfahrens gegen Hanna gleichermaßen kritisch wahrnimmt wie die menschlichen Schwächen der beteiligten Juristen (vgl. S. 140; S. 153 ff.). In der Folge empfindet er das Anklagen, Verteidigen und Richten und somit die ureigenen Tätigkeiten eines Juristen als groteske Vereinfachungen (vgl. S. 171). Er löst dieses Problem, indem er den klassischen juristischen Berufen entflieht und als Rechtshistoriker nicht praktisch, sondern wissenschaftlich arbeitet.

Seine Liebe zu Hanna prägt Michael jedoch nicht nur auf beruflicher, sondern noch weit mehr auf emotionaler Ebene. Weil er die Verletzungen, die er durch sie erfährt, als unbewältigt erlebt, verschließt er sich vor möglichen anderen Liebesbeziehungen und lässt niemanden mehr nah an sich heran (vgl. S. 84). Um sich vor neuerlichen demütigenden oder schuldbehafteten Erfahrungen zu schützen, ist sein Verhalten von einem „Nebeneinander von Kaltschnäuzigkeit und Empfindsamkeit" (S. 85) geprägt. Diese bedenkliche Wandlung vom sensiblen Jugendlichen zum arrogant wirkenden jungen Mann bemerkt besonders schmerzhaft Sophie, eine frühere Mitschülerin von ihm, als Michael mit ihr ohne innere Beteiligung schläft (vgl. S. 84 f.).

Sein Gefühlserkalten aus Selbstschutz steigert sich noch, als er Hanna im Prozess wiedergetroffen hat und sich täglich mit den furchtbaren Verbrechen der Vergangenheit befasst. Wie die übrigen Prozessbeobachter, die jeden Tag dabei sind, empfindet Michael nach einiger Zeit eine Art „Betäubung" (S. 97), welche dazu führt, dass er sein weiteres Handeln ohne innere Beteiligung vollzieht und weder Freude noch Schmerz wahrnimmt. Problematisch ist, dass er in seinen weiteren Reflexionen diesen Zustand mit dem der NS-Opfer sowie auch mit dem der Täter gleichsetzt (vgl. S. 98 f.). Hierdurch verletzt er das Recht der Opfer, indem er als Nichtbeteiligter ihre Erinnerungen und ihr Leiden für sich vereinnahmt[1] und überdies ihre deutschen Peiniger und Mörder als bemitleidenswert erscheinen lässt. Hierin sowie in seiner Distanz zu dem anklagenden Gestus seiner Generation zeigt sich, wie sehr seine einstige Liebe zu Hanna beim Thema „Vergangenheitsaufarbeitung" den Blick verstellt.

Michaels Versuch, ein bürgerliches Leben in Ehe und Familie zu führen, scheitert nach einigen Jahren. Dies liegt vor allem daran, dass er Hanna nicht loslassen kann und immer wieder seine Frau Gertrud, eine Juristin, mit ihr vergleicht. Besonders der gemeinsamen Tochter Julia fügen beide mit ihrer Scheidung großen seelischen Schaden zu, sodass sich Michael auch hier schuldig fühlt, weil er ihr das Recht auf ein unbeschwertes und glückliches Aufwachsen nimmt (vgl. S. 165). Auch die folgenden Partnerschaften zerbrechen und so lernt der Leser den erwachsenen Michael als einen beruflich erfolgreichen, privat aber weitgehend vereinsamten Menschen kennen.

Beruflicher Erfolg und privates Scheitern

Als ihm seine unauflösliche Bindung zu Hanna bewusst wird, die ihn bis in seine Träume verfolgt, beginnt Michael, für sie auf Tonkassetten vorzulesen. Hanna wird für ihn auf seinem Weg, selbst ein Autor zu werden, zu einer wichti-

Gegenseitige Beeinflussung durch die Wiederaufnahme des Vorlesens für Hanna

---

[1] Zur Problematik der Vermarktung der NS-Vergangenheit vgl. den kritischen Artikel des ehemaligen KZ-Opfers und Autors Imre Kertész: „Wem gehört Auschwitz?", www.zeit.de/1998/48/Wem_gehoert_ Auschwitz_ (Stand: 14.11.2012)

gen Instanz (vgl. S. 176), denn bevor er die von ihm verfassten Texte auf Tonkassetten spricht, überarbeitet er sie
mehrmals und so dient ihm dieser Prozess zur selbstkriti-
schen Auseinandersetzung. Zugleich wird er für Hanna
zum Medium ihres Alphabetisierungsprozesses. Indem sie
die von ihm besprochenen Tonkassetten nutzt, um Lesen
und Schreiben zu lernen, und daran schließlich geistig
reift, lässt sich in gewisser Weise behaupten, er sei zum
Begleiter und Erzieher Hannas geworden.

Verletzlichkeit und Vermeidung unangenehmer Situationen

Allerdings richtet er trotz seines von ihm initiierten „wort-
reichen, wortkargen Kontakts" (S. 177) niemals ein persönliches Wort an sie und scheut vor der Möglichkeit der persönlichen Begegnung durch einen Besuch zurück. Hierin
zeigt sich neben seiner Verletzlichkeit auch seine Tendenz,
Unangenehmes zu meiden. Als die Leiterin der Anstalt ihn
dazu auffordert, weil er die einzige Kontaktperson Hannas
außerhalb der Gefängnismauern ist, muss er sich eingestehen, dass er nunmehr derjenige ist, welcher Hanna einen

Michaels lebenslange Einsamkeit

bestimmten, fest umrissenen Platz in seinem Leben gegeben hat, den er nicht zu erweitern bereit ist (vgl. S. 187). Als er sie dennoch angesichts der bevorstehenden Entlassung im Gefängnis aufsucht, kann er seine Enttäuschung über ihren vernachlässigten körperlichen Zustand nicht recht verbergen und verletzt sie damit sehr. Erst nach ihrem Tod, bei der Betrachtung ihrer Leiche, erkennt er einen Aufschein ihrer alten Liebe.

Michael versucht nach Hannas Tod zunächst alles, um ihren letzten Willen zu erfüllen, und öffnet sich dabei erstmals im Gespräch mit der einzigen Überlebenden, der Tochter. Hierin zeigen sich sein Mitteilungsbedürfnis und der Wunsch, die Isolation zu überwinden, in die er durch Hanna geraten ist. Trotz der Äußerung der Tochter, Hanna habe sich Michael gegenüber brutal verhalten, weil ihr Verhältnis gegenüber dem Minderjährigen ausbeuterisch gewesen sei, versucht er, Hannas Interesse an einer versöhnlichen Geste zu verfolgen, und erzählt stellvertretend von Hannas Auseinandersetzung mit ihrer KZ-Vergangenheit (vgl. S. 202). Hiermit beweist er, dass er sie noch immer und trotz allem liebt. In den Reflexionen über den Schreibprozess seiner Geschichte mit Hanna kommt deshalb auch die ambivalente Zielsetzung zum Ausdruck, die Erinnerungen, die nun sein „Leben geworden" (S. 205) seien, einerseits loszuwerden und sich ihrer andererseits zu vergewissern.

Michaels Versuche, mit der Geschichte umzugehen und sie zu verarbeiten

Michaels Sprache ist zugleich die des Ich-Erzählers und bedarf einer differenzierteren Betrachtung, weil die Geschichte zwar aus rückblickender Perspektive als Erwachsener geschrieben ist, aber dennoch Elemente des damaligen, jugendlichen Erlebens und Sprechens enthält. Michaels jugendliche Unsicherheit und Neugier drücken sich in der gehäuften Verwendung von ausgesprochenen sowie unausgesprochenen Fragesätzen aus (vgl. S. 37; S. 40), in denen sein Bedürfnis deutlich wird, sich Klarheit zu verschaf-

3. Sprachgebrauch und Sprachverhalten

fen. Sein Redeanteil in den Gesprächen mit Hanna ist trotz seiner wachsenden rhetorischen Geschicklichkeit sehr begrenzt, wohl auch, weil sie sich seinen Fragen entzieht und sich besonders im Streit abweisend verhält und ihn dadurch zum Schweigen bringt (vgl. S. 47 ff.). Der Erzähler Michael dagegen ist äußerst beredt, wobei sich die subjektive, vorwiegend egozentrische Sichtweise des Jugendlichen auf die Liebesgeschichte mit Hanna durch die Vorliebe von Satzanfängen mit den Pronomen „Ich" oder „Sie" und syntaktisch in Sätzen mit einfacher Struktur ausdrückt (vgl. S. 33; S. 38f.; S. 40 ff.). Einen großen Einfluss auf die sprachliche Entwicklung haben der Vorgang des Vorlesens und seine Liebe zur Literatur. Er übernimmt wichtige Motive aus der Literatur für sein eigenes Erzählen und reflektiert seine eigene Situation vergleichend mit fiktionaler oder wissenschaftlicher Literatur (vgl. S. 40; S. 98). Der gealterte und rückblickende Erzähler verfügt über ein breites Spektrum sprachlicher Ausdrucksmöglichkeiten und eine komplexere Syntax und nutzt beides, um sein damaliges Erleben zu kommentieren. Sein beruflicher Werdegang als Jurist geht mit einer entsprechenden Wortwahl und der Steigerung argumentativer Fähigkeiten einher, mit welcher er Hannas Fall unter Rückgriff auf ein juristisches Vokabular erzählt. So versucht er, ihre Schuld differenziert abwägend zu beurteilen (vgl. S. 86 ff.; S. 128 ff.).

Michael Berg begegnet dem Leser zunächst als individuelle Figur, deren Entwicklungsprozess er von Jugend an bis zum Erwachsensein auf eine Weise verfolgen kann, durch die er zur Identifikation eingeladen ist. Das Gefühl, nah an der Figur zu sein, entsteht auch dadurch, dass diese den Versuch unternimmt, Tabubereiche des menschlichen Erlebens, die scham- und schuldbelastet sind, zu versprachlichen. Dabei lässt der Erzähler eine große Offenheit walten. Schonungslos beleuchtet er seine einstige sexuelle Abhängigkeit von einer älteren Frau und die hieraus resultieren-

Marginalien:

Subjektive, vorwiegend egozentrische Sicht des Jugendlichen

Kommentierung des Geschehens durch den älteren, gereiften Erzähler

4. Zusammenfassende Bewertung

Individuelle und kollektive Identifikationsfigur

den Folgen. Dadurch, dass es sich bei ihr um eine ehemalige NS-Täterin handelt, gerät er in einen Gewissenskonflikt und eine Schuldverstrickung, die er später als exemplarisch für das „deutsche Schicksal" (S. 163) wertet. Damit kann die Figur Michael Berg auch als eine Identifikationsfigur für das Kollektiv der Nachgeborenen gedeutet werden und gewinnt überindividuelle Bedeutung.

Die Tochter bzw. Zeugin

Die jüngere der beiden jüdischen Überlebenden des Konzentrationslagers bzw. des Kirchenbrandes wird im Roman nur als die „Tochter" (S. 199) bezeichnet und tritt als Hauptzeugin im Prozess gegen die ehemaligen KZ-Aufseherinnen in Erscheinung. Dass dieser überhaupt zustande kommt, ist ihrem Zeugnis zu verdanken, welches sie in Form eines autobiografischen Buches über ihre Erfahrungen in verschiedenen Konzentrationslagern ablegt. Als sie gemeinsam mit ihrer Mutter inhaftiert worden ist, ist sie noch ein pubertierendes Kind und nun, vor Gericht, eine junge Frau. Die Tochter ist im Roman das einzige Opfer des nationalsozialistischen Regimes, welches als Figur mit einigen Konturen ausgestaltet wird.

Personalien, sozialer Status und äußeres Erscheinungsbild

Ihr Äußeres wird von Michael mit dem Attribut „sachlich" (S. 200) beschrieben, was gleichermaßen auf ihre Haltung, Gestik und Kleidung bezogen wird. Die alterslose Unbewegtheit ihres Gesichts erklärt er sich damit, dass es durch das damals erlittene Leid erstarrt sei. Nüchtern und emotionslos ist auch der Stil ihres Berichts über ihre KZ-Vergangenheit, der somit den Leser nicht zur Identifikation einlädt und mit dem die Autorin auch für sich selbst keine Sympathie erregen will. Vielmehr geht es ihr um die authentische Darstellung der historischen Wirklichkeit.

Nüchternheit und Sachlichkeit als Folge des frühen Leidens

Die Tochter als Zeugin

Im laufenden Prozess hält sich die Tochter weitgehend zurück. Umso auffälliger aber ist ihr emotional vorgebrachter Ausruf, als im Verhör mit einer weiteren Angeklagten Hannas besondere Gewohnheit zur Sprache kommt, unter den Häftlingen ihre „Lieblinge" (S. 112) gehabt zu haben. In ihrer dann folgenden Aussage be- und entlastet sie Hanna

Differenziertes Urteilsvermögen

zugleich. Einerseits entkräftet sie den Vorwurf der sexuellen Ausbeutung dieser jungen Mädchen, der in der gehässig vorgebrachten Beschuldigung der Mitangeklagten angeklungen ist, indem sie offenbart, dass diese Hanna abends lediglich vorgelesen hatten. Andererseits jedoch wirft sie die Frage auf, ob die bevorzugte Behandlung dieser jungen Mädchen für diese wirklich besser gewesen sei als die kör-

Moralische und persönliche Integrität

perliche Arbeit. Hierin beweist die Tochter ihre abwägende, kritische Urteilsfähigkeit und ihre Sensibilität für moralisch schwierige Fragestellungen. Die Wahrheit ans Licht zu bringen ist für sie im Prozess ein wichtiges Ziel, und ihre persönliche Integrität reicht so weit, dass sie nicht von dem Wunsch nach Rache an ihrer früheren Peinigerin getrieben ist.

Menschenkenntnis

Noch deutlicher werden diese Eigenschaften in ihrem Gespräch mit Michael nach Hannas Tod. Nachdem Michael ihr von seinem einstigen sexuellen Verhältnis zu dieser berichtet hat, schlussfolgert sie sogleich auf seine gescheiterte Ehe und das unterkühlte Verhältnis zu seiner eigenen Tochter und beweist damit Menschenkenntnis und Hellsichtigkeit. Zudem kennzeichnet sie Hannas Verhalten als „brutal" (S. 202) und zeigt damit ein gewisses Mitleid mit Michael, mit dem sie nunmehr die Erfahrung teilt, in einer je anderen Weise Hannas Opfer gewesen zu sein. Während sie sich einerseits sensibel in seine Situation einfühlt, geht

Unversöhnliche Haltung zu Hanna

sie andererseits jedoch nicht auf seinen Wunsch ein, Hannas Geld anzunehmen. Sie begründet dies damit, dass sie ihrer einstigen Peinigerin durch einen solchen Schritt nicht „die Absolution" (S. 201) geben wolle, und offenbart damit eine unversöhnliche Haltung den NS-Tätern gegenüber. Interessant ist, dass viele jüdische Leser des Romans diesen Charakterzug der Tochter nicht als typisch für heutige Juden gelten lassen wollten. Eher haben sie ihn als Appell an sich selbst verstanden, ihr hierin nicht zu gleichen, sondern sich den Deutschen und ihrer Vergangenheitsschuld gegenüber offener zu verhalten.

Mit einem gewissen Stolz verweist die Tochter auf die intellektuellen Fähigkeiten, die besonders den Juden eigen sind, und charakterisiert sich damit ein Stück weit selbst. Indem sie den „Analphabetismus [...] nicht gerade [als] ein jüdisches Problem" (S. 203) kennzeichnet, hebt sie auf die bereits im Kleinkindalter stattfindende Hinführung zum gesprochenen und geschriebenen Wort ab, die für das Judentum typisch ist. *Intellektualität*

Die Tochter hat im Erzählganzen die Funktion, den Opfern eine Stimme und ein Gesicht zu verleihen, und nimmt dadurch im Figurengefüge eine Sonderrolle ein. Sie ist eine wahrhaftige Zeugin für eine leidvolle Geschichte. In ihren im Schmerz erstarrten Gesichtszügen kann der Leser die Schwere der geschichtlichen Schuld ablesen, die die Deutschen auf sich geladen haben. Denn sie verweist darauf, dass es Verbrechen gibt, die für die Opfer weder verjähren noch jemals ganz gesühnt werden können. Damit, dass sie zudem eine konträre Perspektive zum Erzähler und seiner Liebe zu Hanna einnimmt, eröffnet sie dem Leser ein kritisches Korrektiv zur einseitigen Darstellungsweise Michaels. *Zusammenfassende Bewertung*

Der Blick auf den Text: Die Textanalyse

Einen Textauszug analysieren – Tipps und Techniken

Für die Analyse eines Textauszugs stehen grundsätzlich zwei verschiedene Methoden zur Auswahl: die Linearanalyse und die aspektgeleitete Analyse.

In der **Linearanalyse** werden die einzelnen Abschnitte systematisch analysiert, das heißt ihrer Reihenfolge nach. Dies führt in der Regel zu genauen und detaillierten Ergebnissen. Allerdings besteht dabei die Gefahr, dass zu kleinschrittig gearbeitet wird und die übergeordneten Deutungsaspekte aus dem Blick geraten.

In der **aspektgeleiteten Analyse** werden diese Deutungsschwerpunkte von vornherein festgelegt. Daraus ergibt sich in der Regel eine problemorientierte und zielgerichtete Vorgehensweise. Dabei werden jedoch die Deutungsaspekte, die nicht im Fokus des Interesses stehen, vernachlässigt.

Aufbauschema

1. Einleitung:
- Themensatz: Autor, Titel, Textsorte, Erscheinungsjahr, Thema
- kurze Inhaltsangabe

2. Einordnung des Textauszugs in den Roman:
Was geschieht vorher, was nachher?

Linearanalyse   *aspektgeleitete Analyse*

3. Inhaltlicher Aufbau:
- kurze Darstellung der Textabschnitte

3. Untersuchungsschwerpunkte:
- Beschreibung der ausgewählten Untersuchungsaspekte

4. Beschreibung und Deutung der unter 3. angegebenen Textabschnitte:
- Aussagen zum Inhalt des Abschnitts
- Aussagen zur Deutung, Einbetten in den Zusammenhang des Romans
- Einbezug der sprachlichen Gestaltung
- Überleitung zum nächsten Textabschnitt

4. Beschreibung und Deutung der unter 3. angegebenen Aspekte:
- Benennen des jeweiligen Aspektes
- Aussagen zur Deutung, Einbetten in den Zusammenhang des Romans
- Einbezug der sprachlichen Gestaltung

5. Schluss:
- Zusammenfassung der Ergebnisse
- Einordnung in einen größeren Deutungszusammenhang
- Bewertung

Beispiel für eine Linearanalyse: „... das Schicksal meiner Generation, das deutsche Schicksal" – Michael als Vertreter der zweiten Generation nach Auschwitz im Roman „Der Vorleser"

 Aufgabe: Analysieren Sie den vorliegenden Textauszug (S. 159–S. 163, Z. 12).

Anmerkung:

„..., daß die Bundesrepublik den Staat Israel nicht anerkannte, ..." (S. 161, Z. 26f.)

Die Anerkennung des 1947 gegründeten Staates Israel, also unmittelbar nach dem millionenfachen Mord an europäischen Juden durch den Aggressor Nazi-Deutschland, spielt deshalb eine so große Rolle, weil es sich hierbei auch um die Frage nach dem grundsätzlichen Existenzrecht der Juden handelt. Während Politiker und Parteien heute klar dieses Recht betonen, war die Haltung Deutschlands anfangs noch nicht so eindeutig, sondern kristallisierte sich erst in den 1960er-Jahren heraus. Angesichts der immer wieder aufbrechenden Konflikte im Nahen Osten sowie der Vertreibung von Teilen der palästinensischen Bevölkerung durch jüdische Siedler wird die Frage nach der Rechtmäßigkeit der damaligen Staatsgründung Israels weltweit immer wieder neu diskutiert.

Einleitung | In dem Roman „Der Vorleser" von Bernhard Schlink, der 1995 erschien, geht es um die Liebe eines Jugendlichen zu einer älteren Frau, seinen daraus resultierenden Entwicklungsprozess und das Gefühl der Verstrickung in Schuld, als ihre Vergangenheit als KZ-Aufseherin ans Licht kommt. Erzählt wird die Geschichte Michael Bergs, der sich als Fünfzehnjähriger, ohne davon Kenntnis zu haben, dass es sich bei ihr um eine NS-Mörderin handelt, in Hanna Schmitz verliebt und eine sexuelle Beziehung beginnt. Als er ihr

später, selbst inzwischen Jurastudent, in der Rolle der An- Einordnung des
geklagten in einem Prozess wiederbegegnet, gerät er in Textauszugs in
das moralische Dilemma, sie zugleich verstehen und verur- den Handlungs-
verlauf des
teilen zu wollen. Die Frage nach der Schwere ihrer Schuld Romans
stellt sich ihm noch in weit schärferer Form, als ihm klar
wird, dass sie Analphabetin ist, diesen Umstand vor Gericht
aus Scham leugnet und zur Vertuschung ihrer Schwäche
notfalls ein schweres Urteil in Kauf nimmt. Michaels tiefe
Erschütterung angesichts der Tatsachen, die im Prozess zutage treten, kompensiert er mit einem Gefühl der Betäubung, das ihn weitgehend unempfindlich macht. Der zu
analysierende Textauszug bildet innerhalb der dreigeteil-
ten Handlung den Beginn des dritten Teils und setzt unmittelbar nach dem Urteilsspruch „lebenslänglich" (S. 156) für
Hanna ein.

Der Textauszug lässt sich in vier Abschnitte einteilen. Das Inhaltlicher
Thema des ersten Abschnittes (S. 159, Z. 1 – S. 160, Z. 18) Aufbau
ist Michaels seelischer Zustand nach der Urteilsverkündung, der sich nunmehr auch körperlich auswirkt. Im zweiten Abschnitt (S. 160, Z. 19 – S. 161, Z. 18) setzt sich der
Erzähler mit der Studentenbewegung seiner Generation
auseinander und erläutert die Gründe, warum er sich ihr
nicht zugehörig fühlen kann. Im dritten Abschnitt (S. 161,
Z. 19 – S. 162, Z. 5) wird der Begriff der Kollektivschuld
eingeführt und auf die Gefühle und Verhaltensweisen der
zweiten Generation hin angewendet. Anschließend
(S. 162, Z. 6 – S. 163, Z. 13) problematisiert Michael seine
eigene Situation, eine ehemalige KZ-Aufseherin geliebt zu
haben, wodurch er einerseits eine Sonderrolle einnimmt,
sein Schicksal andererseits aber auch exemplarisch für das
deutsche Schicksal wertet.

Im ersten Textabschnitt (S. 159, Z. 1 – S. 160, Z. 18) wird Der erste
erzählt, wie Michael sich unmittelbar nach Beendigung des Textabschnitt:
KZ-Prozesses wie besessen an sein Studium begibt, sodass
seine Gefühle und Gedanken weiterhin „betäubt" (S. 159)

risikofreudiges
Verhalten und
fehlendes
Kälteempfinden
als Ausdruck
latenter
seelischer Qualen

bleiben und es zu keiner Auseinandersetzung mit ihnen kommt. Seine selbst gewählte Isolation verstärkt er noch, indem er sich tagsüber im Lesesaal der Universitätsbibliothek aufhält und jegliche Kontaktversuche schroff abweist. Dennoch schließt er sich einer Gruppe von Studenten an, die ihn zum Skifahren mitnehmen. Michaels seelische Verletzungen äußern sich in dieser Situation auf verschiedene Weise, denn er verhält sich äußerst risikofreudig und fühlt die äußere Kälte nicht. Darin, dass er damit bewusst körperliche Schäden in Kauf nimmt und später den fiebrigen Zustand genießt (vgl. S. 160), zeigt sich sein brüchig gewordenes Bewusstsein für sich selbst und seine innere Befindlichkeit. Erst im Krankenhaus überwindet Michael den nunmehr gesteigerten Zustand der Betäubung und sieht sich dafür nun aber den „Fragen, Ängste[n], Anklagen und Selbstvorwürfe[n]" (S. 160) ausgesetzt, die durch den Prozess aufgebrochen, aber dann zunächst verdrängt worden sind. Aus der reflektierenden, rückblickenden Perspektive beurteilt Michael seine Resistenz gegen Kälte damit, dass die Betäubung von ihm gleichermaßen seelisch wie körperlich Besitz ergriffen hatte und er sich erst danach von ihr lösen konnte.

Loslösungs-
prozess von der
„Betäubung"

Der zweite
Textabschnitt:

Den „Sommer der Studentenbewegung" (S. 160), um welchen es im zweiten Textabschnitt (S. 160, Z. 19–S. 161, Z. 18) geht, erlebt Michael in der Zeit seines Referendariats und betrachtet die damit verbundenen gesellschaftlichen Prozesse mit einem gewissen inneren Abstand. Die hitzigen Konflikte der heute als „68er-Generation" bezeichneten linksgerichteten Studenten und Bürgerrechtler um die Hochschulpolitik sowie um den Vietnamkrieg, besonders aber ihre vehemente Forderung danach, sich der Auseinandersetzung mit der eigenen nationalsozialistischen Vergangenheit zu stellen, betrachtet er mit Distanz und beteiligt sich nicht. Dabei ist auffällig, dass Michael die Bewegung nicht so sehr als politisch, sondern vielmehr als psycholo-

Michaels Distanz
zu der 68er-
Bewegung

gisch motiviert bewertet, wenn er in ihr lediglich einen „Ausdruck des Generationenkonflikts" (S. 161) sieht, den jeder Mensch durchläuft. Damit spricht er der Bewegung ihre historische Einmaligkeit und politische Bedeutsamkeit ab. Weiter wird deutlich, dass Michael in seiner Sichtweise durch seine Liebe zu Hanna befangen ist und sich infolgedessen schwer damit tut, sich klar von den NS-Tätern abzugrenzen.

Im nächsten Textabschnitt (S. 161, Z. 19–S. 162, Z. 5) wird die Befindlichkeit, die seine Generation ergriffen hat, näher ausgeführt und mit dem Begriff „Kollektivschuld" (S. 161) bezeichnet. Diese ist für ihn und andere junge Deutsche eine „erlebte Realität" (S. 161) und ruft ein umfassendes Gefühl der Scham hervor. Dieses nährt sich nicht nur aus der Vergangenheit Deutschlands, an der ja die betreffenden jüngeren Menschen gar nicht aktiv waren, d. h. als Täter beteiligt, sondern mehr noch aus den aktuellen Problemen, welche aus der jüngsten Geschichte Deutschlands für seine Bewohner resultieren. Als Beispiele dafür nennt er rechtsgerichtete, ausländer- oder judenfeindliche Parolen oder Aktionen und eine mangelnde politische Unterstützung der Bundesrepublik für den Staat Israel. Darüber hinaus empfindet er die Duldung ehemaliger Täter in den eigenen Reihen sowie die Erkenntnis, dass die Bevölkerung in der Vergangenheit mehrheitlich angepasst war, als skandalös. Um mit dieser Situation umgehen zu können, sieht der Erzähler den „Fingerzeig auf die Schuldigen" (S. 161 f.) als eine psychologische Strategie seiner Generation zur Überwindung des passiven Leidens an und wertet ein solches Verhalten zugleich ein Stück weit ab. Indem er es lediglich als einen psychologisch verständlichen Reflex, nicht aber als einen rationalen, politisch notwendigen Schritt zur Aufarbeitung der Vergangenheit darstellt, spricht er der studentischen und bürgerrechtlichen Bewegung ihre Relevanz ab.

Der dritte Textabschnitt: der Begriff der „Kollektivschuld"

Schuldzuweisungen an die Eltern – psychologisch verständlich, politisch aber irrelevant

Im vierten und letzten Textabschnitt (S. 162, Z. 6 – S. 163, Z. 13) schließlich stellt der Erzähler sein eigenes Verhältnis zur NS-Vergangenheit Deutschlands dar, das untrennbar mit seiner Liebe zu Hanna verwoben ist. Sein Schuldgefühl resultiert daraus, dass er die NS-Täterin nicht nur wie Kinder ihre Eltern geliebt, sondern als Geliebte „gewählt" (S. 162) habe. Daher könne er den aufklärerischen Eifer und das auftrumpfende Schuldzuweisen seiner Generation nicht länger teilen. Während er sich diesen Unterschied und damit seine Distanz zu den anderen zunächst in der Vergangenheit dadurch erklärt hat, dass er für die Liebe zu Hanna verantwortlich gewesen sei, während seine Generation keine andere Wahl gehabt habe, als die Eltern zu lieben, so verwirft er diesen Gedanken nun. Im Gegenteil sieht er jetzt seine Liebe als exemplarisch für „das Schicksal [s]einer Generation, das deutsche Schicksal" (S. 163) an. Dieses bestehe in der unentrinnbaren Verstrickung in Schuld durch Liebe, das auch diejenigen empfunden hätten, welche äußerlich die Schuld bei anderen gesucht und ihnen selbstgerecht auftrumpfend (vgl. S. 162) gegenübergetreten seien. Ihm ist klar geworden, dass es sich dabei lediglich um „Rhetorik, Geräusch, Lärm" (S. 163) gehandelt hat, mit dem das Empfinden der Schuldverstrickung übertönt werden sollte.

Bereits die vom Erzähler verwendeten Begrifflichkeiten („auftrumpfende Selbstgerechtigkeit", S. 162), mit denen Michael das Verhalten seiner Altersgenossen beschreibt, verdeutlichen dem Leser, dass er sich davon abgestoßen fühlt. In der öffentlichen Debatte sowie im politischen Ringen um Vergangenheitsbewältigung durch die Suche nach den Schuldigen, wie es die heute als „68er" bezeichnete Generation vorangetrieben hat, kann er keinen Sinn erkennen. Er beurteilt beides lediglich als Ausdruck eines allgemeinen Schamgefühls und Leidens. Damit verneint er den Nutzen und die Notwendigkeit, sich als Deutscher auch in

Marginalien (linke Spalte):

Der vierte Textabschnitt:

das eigene Verhältnis zur Vergangenheit – Schuldverstrickung durch Liebe

„das deutsche Schicksal" – Liebe zu den Tätern

Schluss

der öffentlichen Auseinandersetzung der nationalen Vergangenheit zu stellen, sowie die Möglichkeit, die furchtbare Vergangenheit hierdurch wirklich bewältigen zu können.

Die Analyse des Textauszuges zeigt, wie Michael das Verhältnis seiner Altersgenossen, d. h. der zweiten Generation nach Auschwitz, sowie sein eigenes Verhältnis zur nationalsozialistischen Vergangenheit deutet. Dabei wird einerseits ersichtlich, dass er die öffentlich geführte Debatte, wie sie seine Altersgenossen betreiben, ablehnt und stattdessen das individuelle Empfinden von Scham und Schuld in den Mittelpunkt rückt. Dieses stellt er als „das deutsche Schicksal" (S. 163) dar und sieht sich selbst und damit alle Nachgeborenen als Opfer ihrer Vergangenheit. Die Perspektive, die der Roman auf die Thematik „Nationalsozialismus" einnimmt, wird hierdurch klar. Der thematische Kern der Geschichte, d. h. die Liebe eines Jugendlichen zu einer ehemaligen KZ-Aufseherin, dient als Bild für die allgemeine innere Situation der Nachkriegsdeutschen.

Der Roman „Der Vorleser" als Parabel für die innere Situation der Deutschen

Beispiel für eine aspektgeleitete Analyse: *„Was hätten Sie denn gemacht?"* – Rechtsskeptizismus und unterschwellige Leserlenkung im Roman „Der Vorleser"

Aufgabe: Analysieren Sie den vorliegenden Textauszug (S. 104, Z. 1 – S. 108, Z. 10).

Bernhard Schlinks Roman „Der Vorleser" (1995) thematisiert die innere und äußere Situation der Deutschen im Angesicht ihrer nationalsozialistischen Vergangenheit. Erzählt wird die Geschichte Michael Bergs, eines Jugendlichen, welcher sich in eine ältere Frau, Hanna Schmitz, verliebt. Er gerät in sexuelle Abhängigkeit zu ihr und wird später von ihr unvermittelt verlassen. Als er Hanna als Jurastudent wie-

Einleitung

Einordnung des
Textauszugs in
den Handlungs-
zusammenhang
des Romans

derbegegnet, wird er Zeuge eines Prozesses, bei welchem sie als ehemalige KZ-Aufseherin auf der Anklagebank sitzt und sich für ihre Beteiligung am Massenmord verantworten muss. Michaels vormals feste Denk- und Urteilsgewohnheiten über Gut und Böse, Schuldig und Unschuldig geraten ins Wanken, weil er sie bereits als einen zwar durchaus zur Brutalität fähigen, aber doch liebenswerten Menschen kennengelernt hat und nunmehr nicht fassen kann, welche Taten man ihr zur Last legt. Noch im Verborgenen liegt ein weiteres Problem, das sich Michael später erschließt und ihn an der Richtigkeit des Prozessverfahrens zweifeln lässt. Hanna ist Analphabetin, und weil sie diese Schwäche zu einer Lebenslüge macht, weist ihr Verhalten für Außenstehende oft verwirrende und unverständliche Momente auf.

Vorbemerkungen
zur inhaltlichen
und formalen
Gestaltung

Der zu analysierende Textauszug beinhaltet Michaels Beobachtungen und Reflexionen zu Beginn des Prozesses, bei denen insbesondere die Wechselwirkung zwischen Hannas Verhalten und dem Justizpersonal in den Blick genommen wird. Erzähltechnisch setzt Schlink neben der Beschreibung der Innenperspektive Michaels die eher unmittelbare Wiedergabe dessen ein, was dieser gerade wahrnimmt und sieht, etwa durch den Einsatz direkter Rede. Auf diese Weise gewinnt der Leser den Eindruck großer Authentizität, weil er das Gefühl hat, ebenfalls im Zuschauerraum anwesend zu sein. Im spannendsten Moment, als Hanna eine Frage des Richters mit einer Gegenfrage beantwortet, entspricht die erzählte Zeit der Erzählzeit, wodurch dem Leser die Bedeutung dieser Passage ersichtlich wird. In der folgenden

Festlegung der
Untersuchungs-
aspekte

Analyse sollen zunächst Hannas Verhalten vor Gericht sowie dessen Ursachen und Wirkung in den Blick genommen werden. Als ein zweiter Aspekt soll die formale Gestaltung des Gesprächsabschnitts im Verhör Hannas analysiert und bezüglich seiner Wirkung auf den Leser gedeutet werden. Davon jeweils ausgehend soll gezeigt werden, dass Schlink mit dieser Darstellungsweise die Intention verfolgt, das Verfahren als fragwürdig und brüchig darzustellen, und damit eine generelle Justizkritik formuliert.

Bereits der erste Satz, in welchem der Erzähler betont, dass die Verhandlung für die Angeklagte „nicht schlechter [hätte] laufen können" (S. 104), fasst Hannas Verhalten und dessen Wirkung sowohl auf das Justizpersonal als auch auf die Beobachter, was als erster Aspekt untersucht werden soll, prägnant zusammen. Die anschließenden Bemerkungen dienen der Erklärung, warum Hanna bereits in der Vorgeschichte zum Prozess einen schlechten Eindruck hinterlassen hat. Dies liegt an ihrem auffälligen Verhalten: Hanna widerspricht einigen Punkten der Anklage und besteht auf einer Verlesung des Buches der Tochter, obwohl beides ihr zuvor schriftlich zugänglich gemacht worden ist. Auch eine belastende Aussage, die sie während der ersten richterlichen Vernehmung getätigt haben soll und die im Protokoll festgehalten und von ihr unterschrieben worden ist, will sie nun nicht mehr gesagt haben. Michael und dem Leser erschließt sich die Ursache für dieses Verhalten später, wenn klar wird, dass Hanna als Analphabetin den schriftlichen Vorlauf des Verfahrens nicht hat lesen können. Während Michael den Eindruck hat, Hanna sei verwirrt und ratlos, empfinden die anderen Prozessteilnehmer ihr Verhalten als hochmütig.

Der erste Aspekt: Diskrepanz zwischen Wirkung und Ursache für Hannas Verhalten vor Prozessbeginn

Weil Hanna auch nur ein sehr begrenztes Vokabular zur Verfügung steht und sie über keinerlei Erfahrungen und Gespür für die Gesetzmäßigkeiten eines Justizverfahrens verfügt, verschlimmert sie den Negativeindruck noch, indem sie umgangssprachlich fragt, „warum man ihr etwas anhängen wolle" (S. 105). Im Verhör antwortet sie offen und beharrlich und so gut, wie es ihr eben möglich ist. Dabei hat sie allerdings „kein Gefühl für den Kontext, für die Regeln, nach denen gespielt wurde, für die Formeln, nach denen sich ihre Äußerungen und die der anderen zu Schuld und Unschuld, Verurteilung und Freispruch ver-

sprachliche, moralische und intellektuelle Defizite Hannas und deren Folgen

Bausteine der
Justizkritik:

a) das Verfahren
als ein „Spiel"
mit besonderen
Regeln

b) die Irrelevanz
der Wahrheit

c) Kritik am
Justiz-
personal

rechneten" (S. 105). Die Begrifflichkeiten, mit denen hier das Justizverfahren beschrieben wird, verdienen besondere Aufmerksamkeit und implizieren eine generelle Kritik daran. Das juristische Verfahren wird mit einem Spiel verglichen, in dem besondere Regeln gelten. Derjenige, der es am besten zu spielen versteht, also die „Formeln" kennt, nach welchen anschließend Schuld und Unschuld „verrechnet" werden, gewinnt. Um die Wahrheit geht es nicht, ja, sie ist sogar, wie sich an Hannas Bemühen um wahrhaftige Aussagen zeigen lässt, vor Gericht ein Ärgernis, das ihr ein schlechtes Ansehen sowohl bei dem Justizpersonal als auch bei den Mitangeklagten einbringt. Das fehlende Interesse des Gerichts an der Person Hannas sowie das Ermüden der Beteiligten angesichts der zutage tretenden Schrecklichkeiten sind neben der Unkenntnis über Hannas Analphabetismus die Gründe für das letztlich defizitäre Urteil, das es trifft, indem es Hanna härter verurteilt als die anderen Angeklagten (vgl. S. 156f.). Hinzu kommt eine problematisierende Darstellung der Juristen, die sich teilweise als „alte Nazis" (S. 92) entpuppen oder als inkompetent oder selbstverliebt dargestellt werden. Der Autor Schlink, selbst Jurist, umreißt mit diesen knappen Angaben zu dem Justizpersonal ein großes Problem, vor das sich die deutschen Gerichte gestellt sahen. Ehemalige Nationalsozialisten wurden oftmals nicht nur geduldet, sondern machten große Karrieren. Die Kritik an solcherlei Zuständen steigert Schlink noch, wenn er schuldige Nationalsozialisten nun in der Funktion jener zeigt, die eine eher unbedarfte, in ihrer Schuldfähigkeit eingeschränkte und vom NS-System nicht einmal überzeugte Aufseherin lebenslänglich ins Gefängnis bringen.

Der zweite
Aspekt:

Ein weiterer Kritikpunkt an der Justiz ist eng mit der Darstellung des Vorsitzenden Richters verwoben, was sich besonders an dem Wortwechsel mit Hanna während des Verhörs zeigen lässt. Im Folgenden soll als ein zweiter Aspekt die sprachlich-formale Gestaltung dieser Textpassage untersucht und gedeutet werden. Der Erzähler gibt den Wortwechsel in wörtlicher Rede wieder, unterbricht seine Darstellung allerdings durch Reflexionen und Wertungen. Inhaltlich geht es um Hannas Teilnahme an den Selektionen, einem Auswahlverfahren, bei dem die noch arbeitsfähigen Häftlinge von denjenigen getrennt wurden, die sogleich ermordet wurden.

die sprachlich-formale Gestaltung des Wortwechsels zwischen Hanna und dem Richter

Der Vorsitzende Richter befragt Hanna intensiver, weil sie anders als die anderen nichts leugnet. Michael empfindet dies als unangemessenes und unnötiges Eindringen in Hannas Erinnerungen und wertet die Fragetechnik des Richters dadurch ab (vgl. S. 106). Hanna beschreibt die Abläufe und beruft sich auf Sach- und Organisationszwänge, wenn sie die Selektionen damit rechtfertigt, dass „die alten [...] Platz machen [mussten] für die neuen" (S. 106). Sein Unverständnis und sein Entsetzen darüber äußert der Vorsitzende Richter in Form einer sarkastischen Rückfrage („‚Sie haben also [...] gesagt: Du und du und du mußt zurückgeschickt und umgebracht werden?'", S. 106). Hanna versteht den darin enthaltenen moralischen Vorwurf nicht, und statt einer adäquaten Antwort stellt sie ihm eine Gegenfrage, die als ein Spannungshöhepunkt im Verlauf der Prozessbeschreibung gelten kann. Hannas eindringliche Frage „Was hätten Sie denn gemacht?" (S. 107) gilt dabei nicht nur dem Richter, sondern auch dem Leser. Beide werden aufgefordert, die eigene moralische Standhaftigkeit zu prüfen und sicherzustellen, ob sie damals tatsächlich mehr Zivilcourage und Menschlichkeit besessen hätten. Hannas Frage impliziert, dass ihr damaliges Verhalten nicht auf freiem Willen fußte, sondern zumindest teilweise von äußeren Faktoren determiniert war. Somit kommt in ihr auch der Zweifel an einem Menschenbild zum Ausdruck, wonach dieser ein freies und zur Vernunft begabtes Wesen und daher jederzeit fähig zum moralischen Handeln ist.

Hannas Frage – Aufforderung zur moralischen Selbstüberprüfung

Negativdarstellung des Richters als unglaubwürdig, taktierend

Dass der Vorsitzende Richter die Antwort zunächst einen Moment lang schuldig bleibt, steigert „Spannung und Erwartung" (S. 107) auf eine überzeugende Antwort. Der Moment des Schweigens wird von Michael als eine absichtsvolle Pause interpretiert. Er betont, dass der dabei aufgesetzte „Ausdruck der Irritation" im Gesicht des Richters eine bloße „Masche" bzw. „Maske" (S. 107) sei, womit er Zeit zum Taktieren gewinnen wolle. Seine Antwort, welche wie die Frage Hannas in wörtlicher Rede wiedergegeben wird, ist sowohl inhaltlich als auch formal sehr allgemein gehalten. Indem der Richter betont, dass es „Sachen" (S. 107) gebe, die „man" (S. 107) nicht mache, weicht er durch die Verwendung des unpersönlichen Pronomens „man" der persönlich an ihn gerichteten Frage aus und äußert sich auch nicht dazu, wie er sich verhalten hätte. Stattdessen formuliert er eine allgemeine ethische Aussage, die auf der Annahme basiert, dass es die Möglichkeit einer klaren Unterscheidung zwischen Gut und Böse gibt und dass jeder Mensch zu jeder Zeit davon Gebrauch machen kann.

Verallgemeinernde Antwort auf eine konkrete Frage

Der dritte Aspekt:

Problematisierung der Aussagen des Richters anhand des Falls Hanna Schmitz

Die Prämissen des Richters allerdings werden, wie in einem dritten Analyseschritt gezeigt werden soll, am Beispiel der Analphabetin Hanna Schmitz im Roman problematisiert. Durch ihren Analphabetismus befindet sich die Protagonistin in einem Zustand der (intellektuellen wie moralischen) Unmündigkeit (vgl. S. 178). Unmündigkeit aber ist ein juristischer Begriff, welcher mit einer verminderten Schuldfähigkeit einhergeht, sodass Hannas Schuld – wenn auch nur in den Augen des Erzählers – verkleinert wird und das Urteil einer lebenslänglichen Freiheitsstrafe als unangemessen hoch erscheint.

Enttäuschende und „klägliche" Antwort – Brüchigkeit der moralischen Forderung

Michaels Reflexion und Wertung des Dialoges, den er bereits vor der eigentlichen Schilderung als „eine Art von Erfolg" (S. 106) Hannas einführt, ist eindeutig und stellt daher eine wichtige Leserlenkung dar. Nicht nur er, sondern alle Anwesenden empfinden die Antwort des Richters als

„hilflos, kläglich" (S. 108), sodass Hanna in ihren Augen als Siegerin aus dem Wortwechsel hervorgeht. Sie selbst scheint dies in ihrer Verwirrung nicht einmal zu bemerken. Die enttäuschende und unbefriedigende richterliche Aussage zeigt, wie brüchig die Forderung nach moralischer Standhaftigkeit in der konkreten, herausfordernden Situation ist.

In dem vorliegenden Textauszug kommt auf zweierlei Weise ein genereller Rechtsskeptizismus des Autors Bernhard Schlink zum Tragen. Konkret drückt dieser sich einerseits in der fehlenden Berücksichtigung von Hannas Analphabetismus im Verfahren und andererseits in der Figur des Richters aus. Weil das Gericht nicht weiß, dass Hanna Analphabetin ist, kommt es notwendig zu Missverständnissen. Während die Beobachter und das Gerichtspersonal diese zuungunsten Hannas auslegen und die Frau entsprechend mit Schärfe behandeln, so erkennt Michael ihre darin verborgene Hilflosigkeit und Verwirrung. Hanna ist dem „Spiel" des Gerichtsverfahrens mit seinen Regeln und Formeln nicht gewachsen, und deshalb geht sie als Verliererin hervor. Andererseits – und hierin liegt die Paradoxie – schafft sie es ohne eigentliche Absicht, die Wahrhaftigkeit und den moralischen Anspruch des Richters als unterhöhlt zu entlarven. Dass ihr dies nichts nützt, sondern lediglich den anderen kompromittiert, offenbart die Sinnlosigkeit des dargestellten Justizverfahrens. Denn es erweist sich als nicht geeignet, um Schuld angemessen zu ermitteln und zu bestrafen oder gar zu einer Schuldeinsicht und Läuterung der Angeklagten beizutragen. Dies hängt auch zusammen mit seinem Repräsentanten, dem Richter, dessen Auftreten und Urteilssicherheit sich als bloßer Schein erweisen. Der Leser empfindet mit Michael eine Erschütterung seines Vertrauens in den Umgang mit der Vergangenheit und mit Menschen, die sich schuldig gemacht haben, ohne dass allerdings tragfähige alternative Lösungen angeboten werden.

Randnotizen:

Schluss

Fragwürdige Verfahrensweise und fragwürdiges Justizpersonal – Ausdrücke für Schlinks Rechtsskeptizismus

Der Blick auf die Prüfung:
Themenfelder

Dieses Kapitel dient der unmittelbaren Vorbereitung auf die Prüfung: Schulaufgabe bzw. Klausur oder schriftliche bzw. mündliche Abiturprüfung. Die wichtigsten Themenfelder werden in einer übersichtlichen grafischen Form dargeboten. Außerdem verweist eine kommentierte Liste mit Internetadressen (S. 164) auf mögliche Quellen für Zusatzinformationen im Netz.

Die schematischen Übersichten können dazu genutzt werden,

- die wesentlichen Deutungsaspekte des Romans kurz vor der Prüfungssituation im Überblick zu wiederholen,
- die Kerngedanken des Romans noch einmal selbstständig zu durchdenken und
- mögliche Verständnislücken nachzuarbeiten.

Zum Verständnis der Schemata ist die Kenntnis der vorangegangenen Kapitel unerlässlich. Die folgende Schwerpunktsetzung beruht auf Erfahrungen aus jahrelanger Prüfungspraxis. Die Übersicht III (Vergleichsmöglichkeiten mit anderen literarischen Werken, S. 163) soll als Anregung dienen, um den eigenen Lektürekanon auf möglicherweise interessante Vergleichspunkte hin abzuklopfen.

Übersicht I: Hintergründe

Thematische Akzente im Roman „Der Vorleser"

Analphabetismus

- Hanna Schmitz' Analphabetismus als ihre „Lebenslüge", die ihr Schicksal prägt, und als Erklärung für widersprüchliche Verhaltensweisen, z. B.
  - soziale Isolation, Misstrauen
  - Strategien der Vermeidung zur Alltagsbewältigung
  - eingeschränkte kognitive, sprachliche und kommunikative Fähigkeiten
  - Unfähigkeit zum Taktieren vor Gericht
- Alphabetisierung im Gefängnis als Weg in die Mündigkeit und in die Fähigkeit zur Auseinandersetzung mit Schuld

Vier Dimensionen des Schuldbegriffs

Justiz

- Definition von juristischer Schuld: „Vorwerfbarkeit der Tat"
- Einschränkungen der Schuldfähigkeit, z. B. durch
- Behinderungen oder Unwissen über die Illegalität der Tat
- im Fall der NS-Täter: Problem rückwirkender Bestrafung

Philosophie

- Begriff der moralischen Autonomie als Voraussetzung für selbstbestimmtes, „mündiges" Handeln
- Voraussetzungen für die Erlangung der Mündigkeit: Gebrauch der Vernunft, Lesen, Lernen und Lehren, selbstbestimmte Abkehr von fremden Autoritäten → Aufklärung (Kant)
- Ziel der Aufklärung: Vervollkommnung des Menschen als vernunftbegabtes Wesen zum (moralisch) Besseren

Der Umgang der Deutschen mit ihrer NS-Vergangenheit

- die nationalsozialistische Vergangenheit als Problem für die deutsche Politik und die nationale Identität der Deutschen
- Auswirkungen der verübten Verbrechen auf die nachfolgenden Generationen → Zerrissenheit zwischen emotionaler Bindung und Ablösungswunsch hinsichtlich der Täter → Folge: irrationale Schuldgefühle, Identitätskonfusion
- Phasen des öffentlichen Umgangs mit der Vergangenheit: Schweigen/Verdrängen → offensive Abwehr und Schuldigsprechen der anderen → öffentliches Schuldbekenntnis (z. B. Kniefall Willy Brandts)

Entwicklungspsychologie

- Stufentheorie des moralischen Urteils nach L. Kohlberg: Moralisches Denken und Urteilen vollzieht sich in Abhängigkeit zur kognitiven Entwicklung.
- Moralisches Urteilen nach allgemeinen, universellen ethischen Prinzipien ist erst auf den höchsten Stufen möglich, die nicht von allen Menschen erreicht werden.

Religion

- Sünde als das Leben in Gottferne
- Tat-Sünden als Zuwiderhandeln der gebotenen Liebe zu Gott und den Mitmenschen
- Möglichkeit der Erlösung von Sünde durch die Gnade Gottes, Voraussetzung: Reue und Umkehr

Übersicht II: Das Aufbauprinzip und die Erzählweise

Bernhard Schlink „Der Vorleser"

Sprachliche Besonderheiten

- Annäherung der sprachlichen Gestaltung an das momentane Erleben und die jeweilige Entwicklung des Ich-Erzählers
- schnörkellose, präzise und verständliche Sprache
- stellenweise Verwendung von Elementen bildhafter Sprache, stellenweise nüchterne, analysierende Sprache unter Zuhilfenahme juristischen Vokabulars

Aufbauprinzip

dreiteiliger Romanaufbau und jeweiliger Themenschwerpunkt:

1. Teil:
- Michael als Jugendlicher → Liebe zwischen ungleichen Partnern; Einführung des jungen Mannes in die Erwachsenenwelt

2. Teil:
- Michael als Student, Hanna als Angeklagte → Gerichtsprozess gegen eine ehemalige NS-Täterin; intellektuelle Auseinandersetzung Michaels mit dabei aufkommenden juristischen, moralischen und philosophischen Problemen

3. Teil:
- Michael als erwachsener Rechtshistoriker, Hanna als Häftling → weitere Entwicklung und Fortsetzung der Lebenswege beider Protagonisten: Michaels Bildungsbiografie und Bindungsunfähigkeit; Hannas Alphabetisierung und innere Läuterung

Erzählweise

Ich-Perspektive:
- Beschränkung der Sichtweise auf das Dargestellte, insbesondere auf die Figur Hanna, aus Michael Bergs subjektiver Sicht
- Erzähler schreibt aus einem Abstand von zehn Jahren nach Hannas Tod:
  - kommentierende und reflektierende Passagen überlagern und unterbrechen teilweise die Erzählung von der unmittelbar ablaufenden Handlung,
  - Spannung zwischen Vorausdeutungen und Vorenthalten wichtiger Informationen (z. B. Hanna als NS-Verbrecherin und als Analphabetin),
  - Leser vollzieht den aus der Erinnerung geschilderten unbequemen Verständnisvorgang Michael Bergs mit.

Leistung/Intention der Erzählweise:
- Kennenlernen der Täterin aus einer emotional angenäherten Perspektive → Darstellung nicht als Monster, sondern als Mensch
- schonungslose, bedrängende Lebensbeichte des Erzählers, in welcher auch Unangenehmes nicht ausgespart wird

Übersicht III: Vergleichsmöglichkeiten mit anderen literarischen Werken

Bernhard Schlink „Der Vorleser"

Schlinks Romankonzeption und Erzählweise im Vergleich, z. B.

- mit der Montagetechnik in Wolfgang Koeppens Roman „Tauben im Gras" oder mit Alfred Döblins Roman „Berlin Alexanderplatz"
- mit Dramen der Aufklärung, z. B. J. W. Goethes „Iphigenie auf Tauris" oder G. E. Lessings „Nathan der Weise" im Hinblick auf das zugrunde liegende Menschen- und Weltbild und das implizierte Wertsystem
- mit Ruth Klügers „weiter leben. Eine Jugend" oder anderen autobiografischen Romanen ehemaliger KZ-Insassen im Hinblick auf die Darstellungsweise der NS-Verbrechen

Figurenvergleiche, z. B.

- **Hanna Schmitz**
  - mit Emilia Galotti aus G. E. Lessings gleichnamigem Drama und mit Luise Millerin aus Friedrich Schillers Drama „Kabale und Liebe" (als antithetische Figuren)
  - mit Claire Zachanassian aus Friedrich Dürrenmatts Drama „Der Besuch der alten Dame" im Hinblick auf das Täterprofil
  - mit Woyzeck aus Georg Büchners gleichnamigem Drama im Hinblick auf die Bewertung der jeweiligen Täter
- **Michael Berg**
  - mit Rolf Mengele aus Peter Schneiders Roman „Vati"
  - mit Heinrich Lee aus Gottfried Kellers Bildungsroman „Der grüne Heinrich" oder mit Wilhelm Meister aus J. W. Goethes gleichnamigem Roman im Hinblick auf ihren Entwicklungsprozess

Motivvergleiche, z. B.

- der Umgang mit der NS-Vergangenheit in der Nachkriegsgesellschaft und die Darstellung der Figuren in Wolfgang Koeppens Roman „Tauben im Gras"
- die Frage nach der menschlichen Willensfreiheit und moralischer Widerstandsfähigkeit in Thomas Manns Novelle „Mario und der Zauberer"
- das Motiv der Schuldverstrickung und Liebe zu den NS-Tätern in Peter Schneiders Roman „Vati"
- die Frage nach Schuld und Verantwortlichkeit in Max Frischs Roman „Homo faber"
- die Frage nach dem gesellschaftlichen Umgang der Nachkriegsgeneration mit der NS-Vergangenheit in Heinrich Bölls Roman „Ansichten eines Clowns"
- der Umgang mit der NS-Vergangenheit aus der Sicht der „Nachgeborenen" in Bernhard Schlinks Erzählungen „Das Mädchen mit der Eidechse" und „Die Beschneidung" (aus dem Sammelband: „Liebesfluchten")
- die Darstellung eines NS-Prozesses und eines Täters in Heinar Kipphardts Schauspiel „Bruder Eichmann" oder in Hannah Arendts Werk „Eichmann in Jerusalem. Ein Bericht von der Banalität des Bösen"

Internetadressen

Unter diesen Internetadressen kann man sich zusätzlich informieren:

www.teachsam.de/deutsch/d_literatur/d_aut/schl/vorl/schl_vorl_0.html
(umfassende Materialsammlung zu unterschiedlichen thematischen Akzenten für die Auseinandersetzung mit dem Roman im Unterricht)

http://lehrerfortbildung-bw.de/faecher/deutsch/projekte/epik/der_vorleser/schuld
(Unterrichtsmaterialien zum Thema)

www.digitale-schule-bayern.de/dsdaten/587/543.pdf
(Beispiel für eine Textstellenanalyse, hier zu Michaels Hausträumen)

http://wiki.zum.de/Der_Vorleser
(umfangreiche Linksammlung zum Roman und zu Vorschlägen für dessen unterrichtspraktische Erarbeitung)

www.spiegel.de/spiegel/print/d-19120366.html
(„Auf dem Eis", ein Essay von Bernhard Schlink zum Thema Umgang mit der nationalsozialistischen Vergangenheit)

www.spiegel.de/spiegel/print/d-9232888.html
(„Der Schatten der Tat", Rezension von Volker Hage)

www.welt.de/print-welt/article590277/Ich-habs-in-einer-Nacht-ausgelesen.html
(Laudatio auf Bernhard Schlink von Christoph Stölzl)

www.youtube.com/watch?v=o1WQML0hfl4
(englischer Vortrag Bernhard Schlinks über das Thema Vergangenheitsschuld)

www.youtube.com/watch?v=n3ZPPe775dE
(„Das literarische Quartett" über den Roman „Der Vorleser")

www.youtube.com/watch?v=TsbptLzHye4
(ein englisch geführtes Interview mit Bernhard Schlink über seinen Roman „Der Vorleser")

[Stand: 14.11.2012]

Literatur

Textausgabe
Schlink, Bernhard: Der Vorleser. Diogenes: Zürich 1997

Arendt, Hannah: Eichmann in Jerusalem. Ein Bericht von der Banalität des Bösen. Aus dem Amerikanischen von Brigitte Granzow. Mit einem einleitenden Essay von Hans Mommsen. München [4]2009

Bar-On, Dan: Die Last des Schweigens. Gespräche mit Kindern von Nazi-Tätern. Reinbeck bei Hamburg 1996

Bar-On, Dan: „Da ist etwas kaputtgegangen an den Wurzeln." Identitätsformation deutscher und israelischer Jugendlicher im Schatten des Holocaust. Hg. v. Bar-On, Dan et al. Frankfurt/New York 1997

Döbert, Marion und Hubertus, Peter: Ihr Kreuz ist die Schrift. Analphabetismus und Alphabetisierung in Deutschland. Hg. v. Bundesverband Alphabetisierung. Münster und Stuttgart 2000

Donahue, William Collins: Holocaust as fiction. New York 2010

Dreike, Beate M.: Was wäre denn Gerechtigkeit? Zur Rechtsskepsis in Bernhard Schlinks „Der Vorleser". In: German Life and Letters. 01/2003

Durzak, Manfred: Opfer und Täter im Nationalsozialismus. Bernhard Schlinks „Der Vorleser" und Stefan Hermlins „Die Kommandeuse". In: Literatur für Leser. H. 4 (2000)

Heigenmoser, Manfred: Bernhard Schlink. Der Vorleser. Erläuterungen und Dokumente. Stuttgart 2005

Jaspers, Karl: Die Schuldfrage. Einleitung zu einer Vorlesung über die geistige Situation in Deutschland. Heidelberg 1946

Kleint, Steffen: Funktionaler Analphabetismus – Forschungsperspektiven und Diskurslinien. Bielefeld 2009

Köhler, Klaus: Alles in Butter? Wie Walter Kempowski, Bernhard Schlink und Martin Walser den Zivilisationsbruch unter den Teppich kehren. Würzburg 2009

Köster, Juliane: Bernhard Schlink. Der Vorleser. München 2000

Metzler Autoren Lexikon. Deutschsprachige Dichter und Schriftsteller vom Mittelalter bis zur Gegenwart. Hg. v. Bernd Lutz und Benedikt Jeßing. Stuttgart, Weimar ⁴2010, S. 686 ff.

Möckel, Magret: Erläuterungen zu Bernhard Schlink. Der Vorleser. Hollfeld 2000

Moschytz-Ledgley, Miriam: Trauma, Scham und Selbstmitleid. Vererbtes Trauma in Bernhard Schlinks Roman „Der Vorleser". Marburg 2009

Reisner, Hanns-Peter: Lektürehilfen Bernhard Schlink „Der Vorleser". Stuttgart 2001

Sanders, Barry: Der Verlust der Sprachkultur. Aus dem Amerikanischen von Kurt Neff. Frankfurt a. M. ³1995

Schlink, Bernhard: Vergangenheitsschuld und gegenwärtiges Recht. Frankfurt a. M. 2002

Schuld. Interdisziplinäre Versuche ein Phänomen zu verstehen. Hg. v. Stefan Beyerle, Michael Roth und Jochen Schmidt. Leipzig 2009

Tätertrauma. Nationale Erinnerungen im öffentlichen Diskurs. Hg. v. Bernhard Giesen und Christoph Schneider. Konstanz 2004

Welzer, Harald; Moller, Sabine und Tschuggnall, Karoline: „Opa war kein Nazi." Nationalsozialismus und Holocaust im Familiengedächtnis. Frankfurt a. M. [3]2002

Internetquellen

Bierich, Nora: Kulturpornografie, Holo-Kisch und Revisionismus – Der Vorleser kommt ins Kino, www.zeitge schichte-online.de/portals/_rainbow/documents/pdf/ bierich_vorleser.pdf (Stand: 14.11.2012)

Kertész, Imre: „Wem gehört Auschwitz?", www.zeit.de/1998/ 48/Wem_gehoert_Auschwitz_ (Stand: 14.11.2012)

„Ich lebe in Geschichten." Von Doerry, Martin und Hage, Volker. DER SPIEGEL 4/2000, www.spiegel.de/spiegel/ print/d-15502682.html (Stand: 14.11.2012)

Schlink, Bernhard: Auf dem Eis. Von der Notwendigkeit und der Gefahr der Beschäftigung mit dem Dritten Reich und dem Holocaust. DER SPIEGEL 19/2001, www.spiegel.de/ spiegel/print/d-19120366.html (Stand: 14.11.2012)

http://reli-lex.de/;
www.stjosef.at/index.htm?morallexikon/index.htm~main Frame;
http://de.wikipedia.org/wiki/S%C3%BCnde (Stand: 14.11.2012)

www.hdg.de/lemo/html/dokumente/WegeInDieGegen wart_redeWalserZumFriedenspreis (Stand: 14.11.2012)

Notizen